www.ingramcontent.com/pod-product-compliance
Ingram Content Group UK Ltd.
Pitfield, Milton Keynes, MK11 3LW, UK
UKHW061023310726
14090UKWH00023B/45
9782491615062

آزادی، دمکراسی و برابری

سخنرانی‌های مریم رجوی در گردهم آیی جهانی ایران آزاد

۱۹ تا ۲۱ تیرماه ۱۴۰۰

و اجلاس دو روزه شورای ملی مقاومت ایران

مرداد ۱۴۰۰

آزادی، دمکراسی و برابری

سخنرانی‌های مریم رجوی در گردهم‌آیی سه روزه جهانی ایران آزاد

و سخنرانی در اجلاس شورای ملی مقاومت ایران

شماره ثبت: ۹۷۸-۲-۴۹۱۶۱۵-۰۶-۲

تاریخ انتشار: مرداد ۱۴۰۰

انتشارات شورای ملی مقاومت ایران

فهرست مطالب

گردهم‌آیی جهانی ایران آزاد- ۱۴۰۰

طی روزهای ۱۹ تا ۲۱ تیرماه ۱۴۰۰، گردهم‌آیی سه روزه جهانی ایران آزاد برگزار شد. در این گردهمایی، حامیان مقاومت از ۵۰ هزار نقطه، در ۱۰۵ کشور جهان و هموطنان و اعضای هزار کانون شورشی در داخل ایران، در ارتباط زنده با مجاهدین در اشرف۳ در آلبانی قرار داشتند. شرکت‌کنندگان از سیدنی تا هاوایی با ۲۰ساعت اختلاف به‌صورت آنلاین گردهم آمدند.

در گردهم‌آیی سه روزه ایران آزاد، ۱۰۲۹ شخصیت سیاسی، شامل ۲۵۰ قانونگذار از کشورهای اروپایی، کانادا و کشورهای اسلامی و عربی و ۳۰ سناتور و نماینده کنگره آمریکا، هم چنین،۱۱ نخست‌وزیر و ۷۰ وزیر پیشین از اروپا، آمریکای شمالی و خاورمیانه و۳۰شخصیت برجسته آمریکایی، شرکت داشتند و ده‌ها تن از آنان سخنرانی کردند.

تظاهرات در برلین و تجمعات ایرانیان در شهرهای بزرگ جهان

همزمان با شروع اجلاس ایران آزاد، هزاران ایرانی در میدان براندنبورگ برلین دست به تظاهرات زدند و تجمع‌های ایرانیان در ۱۶شهر بزرگ از جمله در پاریس، واشینگتن، لندن، آمستردام، استکهلم، اسلو، وین، رم و ژنو به‌طور هم‌زمان و در ارتباط زنده با اجلاس ایران آزاد جریان داشت.

آلترناتیو دمکراتیک به‌سوی پیروزی

در نخستین روز گردهم‌آیی، شنبه ۱۹تیر، خانم مریم رجوی، رئیس‌جمهور برگزیده شورای ملی مقاومت، در سخنان خود گفت:
روی‌کارآوردن رئیسی از دست‌اندرکاران قتل‌عام ۳۰هزار زندانی سیاسی بالاترین شکست و رسوایی در تاریخچه شعبده‌های انتخاباتی رژیم آخوندی و یک حرکت شتابان در مسیر انقباض و حذف و تصفیه درونی در مرحله پایانی رژیم است. هیچ چیز جز هراس از قیام و احتضار سیاسی ولایت فقیه، روی کار آوردن جلاد۶۷ را توضیح نمی‌دهد.
برخی از شخصیت‌هایی که در روز اول در اجلاس سخنرانی کردند عبارتند از:
یانس یانشا، نخست وزیر اسلوونی، مایک پمپئو ، وزیر خارجه آمریکا تا سال ۲۰۲۱، دانا برازیل، سرپرست کمیته ملی دموکرات‌ها (۲۰۱۷-۲۰۱۶)، استفان هارپر، نخست‌وزیر کانادا (۲۰۰۶-۲۰۱۵)، فرانکو فراتینی، وزیر امور خارجه ایتالیا (۲۰۱۱–۲۰۰۸)، پاندلی مایکو، نخست وزیر سابق آلبانی، ده‌ها تن از سناتورهای برجسته ایالات متحده و اعضای مجلس از هر دو حزب دموکرات و جمهوری‌خواه، از جمله سناتور رابرت مننذ، سناتور تد کروز و سناتور روی بلانت و نمایندگان کنگره کوین مک کارتی و حکیم جفریس؛ هم چنین ژنرال جیمز جونز، مشاور امنیت ملی باراک اوباما، و چند وزیر سابق اروپایی، از جمله وزیران خارجه سابق فرانسه، ایتالیا و لهستان، وزرای دفاع بریتانیا و فرانسه و رهبر حزب مردم اروپا، بزرگترین حزب سیاسی در اروپا.

اروپا و دنیای عرب در حمایت از مقاومت

در دومین روز گردهمایی، ۱۵هیئت پارلمانی اروپایی، کانادایی و استرالیایی، پنج مقام سابق عرب و هشت هیئت پارلمانی عرب حضور داشتند. در مجموع ۷۰ شخصیت سخنرانی کردند.
نمایندگان پارلمان از جمله نمایندگان انگلستان، فرانسه، آلبانی، پارلمان اروپا، آلمان، ایتالیا، سوئد، نروژ، دانمارک، فنلاند، سوئیس، ایرلند، بلژیک، پرتغال، هلند،

مریم رجوی در افتتاحیه گردهم‌ایی ایران آزاد

تظاهرات بزرگ ایرانیان در برلین همزمان با نخستین روز گردهم‌آیی ایران آزاد

کانادا، استرالیا، اردن، فلسطین، بحرین، کویت، لبنان، یمن، سودان ، تونس، مراکش، موریتانی، افغانستان و آذربایجان به سخنرانی پرداختند.
هم‌چنین شخصیت‌های برجسته‌یی چون سید احمد غزالی، نخست‌وزیر پیشین الجزایر، جان پری، وزیر سابق جمهوری ایرلند، کیمو ساسی، وزیر حمل و نقل و ارتباطات فنلاند-۲۰۰۲، ادوارد سولنس، وزیر محیط زیست ایسلند- ۱۹۹۱، اوفه البک، وزیر فرهنگ دانمارک -۲۰۱۲، آلن ویوین، وزیر مشاور درامور خارجه فرانسه-۱۹۹۲، اشرف ریفی وزیر دادگستری لبنان-۲۰۱۶، احمد فتفت، وزیر کشور لبنان - ۲۰۰۶، صالح قلاب، وزیر تبلیغات اردن - ۲۰۰۱، عزام‌الاحمد- نماینده سازمان آزادیبخش فلسطین، حاتم السر علی، وزیر بازرگانی سودان، ریتا زوسموت، رئیس سابق مجلس آلمان، آلخو ویدال کوادراس، معاون پارلمان اروپا (۱۹۹۹-۲۰۱۴)، آنتونیو لوپز استوریز وایت، دبیرکل حزب مردم در اروپا و دلامینی ماندلا، فعال حقوق بشر از آفریقای جنوبی.
سخنرانان بر همبستگی مردم این کشورها با مقاومت ایران برای آزادی و حاکمیت مردمی تاکید کردند و از برنامه ده ماده‌یی مریم رجوی برای یک جمهوری دمکراتیک، صلح‌جو، غیراتمی و مبتنی بر جدایی دین و دولت و حسن همجواری حمایت کردند.
مریم رجوی، در سخنان خود در این اجلاس، هدف خامنه‌ای از تک‌پایه‌کردن رژیم با روی کار آوردن رئیسی، جلاد قتل‌عام ۶۷ را، مقابله با قیام‌های مردمی و داشتن دست باز در برنامه‌های اتمی و موشکی و جنگ‌افروزی‌های منطقه‌یی دانست.

حمایت از قیام مردم ایران و آلترناتیو دمکراتیک

سومین روز گردهم‌آیی جهانی ایران آزاد -۲۰۲۱ به جنبش دادخواهی مردم ایران برای قربانیان قتل‌عام بیش از ۳۰هزار زندانی سیاسی در سال ۶۷ اختصاص داشت.
در این اجلاس، علاوه بر تعدادی از نخست‌وزیران و وزیران کشورهای اروپایی و کانادا، مقامات ارتش آمریکا و شخصیت‌های سیاسی سرشناس و حامیان برجسته مقاومت شرکت داشتند و به سخنرانی پرداختند.

ارتباط کانون‌های شورشی با گردهم‌آیی ایران آزاد

سخنرانی مریم رجوی در دومین روز گردهم‌آیی ایران آزاد

شخصیت‌های برجسته اروپایی چون ماتئو رنزی، نخست وزیر سابق ایتالیا، گای فرهودفستاد، نخست‌وزیر سابق بلژیک، انداکنی، نخست وزیر سابق ایرلند، کارلو لوتارلی، نخست وزیر منتخب ایتالیا، فردریک راینفلت، نخست وزیر سابق سوئد، پتره رومن، نخست وزیر سابق رومانی.

دیگر حامیان برجسته مقاومت ایران که در این مراسم سخنرانی کردند عبارتند از: شهردار جولیانی، جان بولتون، سناتور جوزف لیبرمن، سناتورتوریسلی، قاضی موکیزی، لویی فری، سفیر رابرت جوزف، سفیر گینزبرگ، سفیر بلومفیلد، فرانسیس تانزند، مشاور امنیت داخلی پیشین آمریکا و ترزا پیتون، مسئول سابق اطلاعات کاخ سفید.

هم‌چنین تعدادی از وزرای پیشین اروپایی و کانادایی، از جمله:

از کانادا، جان برد، وزیر خارجه، تونی کلمنت، وزیر صنایع، وین ایستر، وزیر کشاورزی، جودی اسکرو، وزیر مهاجرت؛

از فرانسه، رامایاد، وزیر حقوق بشر، کورین لوپژ، وزیر محیط زیست؛

از اسکاندیناوی، تیمو یوهانی سوییینی، وزیر خارجه فنلاند، از کشورهای حوزه بالتیک، اودرونیوس آزوبالیس، وزیر خارجه لیتوانی، ادوارد کوکان، وزیر خارجه اسلواکی؛

از ایرلند، تام کیت وزیر خارجه، لوسیندا کریتون، وزیر امور اروپایی، لرد هنری بلینکهام، وزیر اروپا در وزارت خارجه انگلستان، الکساندر ووندرا، وزیر دفاع چک، از لهستان، کامینسکی، وزیر روابط رسانه‌یی دفتر رئیس جمهور، ریچارد کالیسز، وزیرکشور؛ از آلبانی، تریتان شهو، وزیر خارجه و اروپا، کلایدا جوشا، وزیر سابق امور اروپایی، میمی کودلی، وزیر دفاع، ۲۰۱۷.

دیگر سخنرانان از شخصیت‌های برجسته شامل مقامات ارشد ارتش آمریکا از جمله ژنرال جیمز کانوی، ژنرال جک کین، ژنرال چاک والد؛ جیمز وولسی، رئیس سابق سازمان اطلاعات مرکزی آمریکا و شخصیت‌های سیاسی، هم‌چون ادملکرت نماینده سابق یونامی در عراق، گری کاسپاروف، قهرمان شطرنج جهان، ژیلبر میتران، رئیس بنیاد فرانس لیبرته، بودند.

خانم مریم رجوی در سخنرانی خود، ضمن تشریح دلائل تاریخی روی کار آوردن

مریم رجوی در سومین روز گردهمایی ایران آزاد

رئیسی، قاتل مجاهدین و جلاد ۶۷ گفت این تحول از نظر سیاسی، نقطه پایان توهمات مربوط به میانه‌روی رژیم و نقطه شکست سیاست مماشات دولت‌های غرب با فاشیسم دینی است.

این آزمایشی در برابر جامعه جهانی است که آیا با نظام قتل‌عام مراوده و معامله می‌کند یا در کنار مردم ایران می‌ایستد؟ سازمان ملل نباید رئیسی را در اجلاس آتی مجمع عمومی بپذیرد. آخوند رئیسی به خاطر نسل‌کشی و ارتکاب جنایت علیه بشریت باید در برابر عدالت قرار گیرد.

یادواره خاوران

خانم رجوی قبل از سخنرانی در سومین روز اجلاس، از یادواره خاوران که در اشرف۳ به یاد شهدای قتل‌عام درتابستان سال ۶۷ بنا شده، دیدار کرد و به آن شهیدان ادای احترام نمود. خانم رجوی از جانب مقاومت ایران گفت: به خون ۳۰،۰۰۰ سربه‌دار قتل‌عام‌شده سوگند که ایران را از دست حکومت قتل‌عام و اعدام آزاد می‌کنیم.

یادواره خاوران

رژیم آخوندی در بن‌بست سرنگونی
آلترناتیو دمکراتیک به‌سوی پیروزی

سخنرانی مریم رجوی در اولین اجلاس جهانی ایران آزاد

۱۹ تیر ۱۴۰۰

این گردهم‌آیی صدای مردم ایران است

هموطنان عزیز، دلیران کانون‌های شورشی، دوستان عزیز!

به‌گردهم‌آیی سالانه مقاومت و به شما هموطنان و یاران مقاومت در سراسر ایران و جهان، گرم‌ترین درودها را تقدیم می‌کنم.

این گردهم‌آیی صدای مردم ایران، پشتیبانان آزادی، شورشگران، و قیام‌آفرینان است که می‌گویند رژیم آخوندی در بن‌بست سرنگونی است. مردم و مقاومت به سوی پیروزی پیش می‌روند و ایران آزاد می‌شود.

ما در آستانه سالگرد قیام مردم ایران در ۳۰ تیر ۱۳۳۱ هستیم. قیامی علیه رژیم شاه و دیکتاتوری سلطنتی و برای برگرداندن مصدق بزرگ به قدرت. در همین روز بود که در سال ۱۳۶۰ مسعود در تهران تأسیس شورای ملی مقاومت ایران را رو در روی رژیم خمینی و دیکتاتوری دینی اعلام کرد.

ما در نقطه‌یی از تاریخ ایستاده‌ایم که بزنگاه شدن‌ها و تغییرات بزرگ است. جامعهٔ ما در محاصرهٔ استبداد دینی و کرونا و گرسنگی است؛ اما در درون خود آتشفشان قیام‌ها را حمل می‌کند.

مقاومت ایران از قبل مسیر انقباض شتابان و سلاخی و حذف درونی رژیم آخوندها را در مرحله پایانی پیش‌بینی و اعلام کرده بود و این حقیقت در انتخابات رژیم برملا و ثابت شد. این، بالاترین شکست و رسوایی در تاریخچه شعبده‌های انتخاباتی رژیم آخوندی است. آن‌قدر که آخوند علم‌الهدی، نماینده و امام جمعه خامنه‌ای در مشهد به صراحت گفت: کسانی که رأی نمی‌دهند یا رأی باطله می‌دهند، درواقع رأی به مجاهدین می‌دهند.

احتضار سیاسی و هراس از قیام

رژیم ولایت فقیه برای بستن شکاف‌های بی‌انتهایش و سد بستن در برابر قیام‌های پیش رو، یعنی برای بقا و جلوگیری از سرنگونی محتوم، جلاد ۶۷ را رئیس‌جمهور خود کرده است؛ اما با این کار، گور خود را به‌دست خود کنده است و مثل عقربی است که در محاصره آتش سرانجام خود را نیش می‌زند.

هیچ چیز جز هراس از قیام و احتضار سیاسی ولایت فقیه، روی کارآوردن رئیسی را توضیح نمی‌دهد؛ کسی که حتی منتظری جانشین خمینی هم در مورد او گفت که در شمار کسانی است که بزرگترین جنایت را در این رژیم انجام داده و اسم او را در آینده جزء جنایتکاران تاریخ می‌نویسند.

رئیسی از دست‌اندرکاران قتل‌عام ۳۰ هزار زندانی سیاسی در سال ۶۷ بود که ۹۰درصد آن‌ها از مجاهدین بودند و قبل و بعد از آن هم در شکنجه و اعدام هزاران نفر دست داشته است.

حالا به وضعیت رژیم نگاه کنید: یک جلاد در رأس دستگاه اجرایی، یک مجری اعدام و شکنجه‌گر بدنام به‌اسم اژه‌ای در رأس دستگاه قضایی و یک آخوند خونخوار در رأس کل نظام، راستی که گله آدم‌خواران تکمیل شده است. همین ترکیب از هزار نمود و نشانه در اثبات موقعیت سرنگونی ولایت فقیه نافذتر است.

خامنه‌ای گفته بود برای عبور از دشواری‌ها، یک دولت جوان حزب‌اللهی را سر کار می‌آورد. حالا جلادی را آورده که خودش کانون دشواری‌های رژیم است و ولایت فقیه را از چاله در آورده و به چاه می‌اندازد. جلادی که هیچ بارقه بشری در خود ندارد. از ربات‌هایی است که در قضاییه ولایت فقیه «قاضی سالب حیات» نامیده می‌شوند و برای کشتن برنامه‌ریزی شده‌اند.

پیش از این، ولی فقیه رژیم گفته بود برای این‌که مجبور نباشد در تهران و سایر شهرهای ایران بجنگد به جنگ‌افروزی در عراق، سوریه و لبنان و یمن و به برنامه اتمی و موشکی و صدور تروریسم در منطقه پناه برده است. اما این ره که خامنه‌ای می‌رود، به گورستان است.

سه تحول بزرگ

آن‌چه پیش آمده، واکنش رژیم به دورانی است که با سه تحول بزرگ شناخته می‌شود:
اول- قرار گرفتن رژیم در شرایط اضطراری به لحاظ اقتصادی-اجتماعی و بحران‌های مهارناپذیر.
دوم- ورود جامعه ایران به‌فاز خیزش‌ها و قیام‌ها که از دی ماه ۹۶ آغاز شده است.
و سوم- برپایی شبکه‌یی سراسری از شورشگران دلیر و فداکار با آتش شعله‌ور کانون‌های شورشی علیه مظاهر حاکمیت فاشیسم دینی.
بنابراین در دوران جدید:
-تعارض بین رژیم و جامعه ایران بیش از پیش تشدید می‌شود. شاه هم در ته خط به حکومت نظامی و نخست‌وزیرکردن ارتشبد ازهاری روی آورد اما نتیجه معکوس گرفت.
- در این دوران، شبه راه‌حل‌ها و آلترناتیوهای تصنعی و مجازی، فضای حیاتی خود را از دست می‌دهند.
- میانه‌روی و اصلاح‌طلبی قلابی مردار شده و انقلاب و سرنگونی به‌مثابه تنها راه‌حل، درخشان و تابان می‌شود.
- بله دوران جوشش قیام‌ها و برپایی گردآن‌های ارتش آزادی است، همان‌طور که در مارسیز سرود ملی فرانسه آمده و همان‌طور که نبردهای استقلال آمریکا آن را گواهی می‌کند و من این‌جا تکرار می‌کنم: رژیم آخوندی در بن‌بست سرنگونی است. مردم و مقاومت به‌سوی پیروزی پیش می‌روند و ایران آزاد می‌شود.

هیچ چیز جز هراس از قیام و احتضار سیاسی ولایت فقیه، روی کارآوردن رئیسی را توضیح نمی‌دهد؛ کسی که حتی منتظری جانشین خمینی هم در مورد او گفت که در شمار کسانی است که بزرگ‌ترین جنایت را در این رژیم انجام داده و اسم او را در آینده جزء جنایتکاران تاریخ می‌نویسند.

راه حل آزادی ایران

در برابر رژیم ولایت فقیه که راه‌حل خود را در جلادها و آدمکش‌های منفور جستجو می‌کند، پاسخ مردم ایران و راه‌حل پیروزمند آن‌ها، یک مقاومت آزادی‌ستان است برای برپایی یک ایران آزاد.

آری، همان نیرو و راهبری که در این ۴۰ سال، این جنبش را از بغرنجی‌ها و سختی‌ها عبور داده است، قطعا پیروزی و آزادی را از آن مردم ایران خواهد ساخت.

برای تحقق این مقصد پرشکوه، دارایی و بزرگ‌ترین پشتوانهٔ این مقاومت، توده‌های به‌جان آمده‌یی هستند که به هیچ چیز کمتر از سرنگونی رژیم قانع نمی‌شوند.

سرمایه ما، ارتش عصیان و شورش جوانانی است که در آبان ۹۸ به خیابان‌ها آمدند و قدرت ما شبکهٔ سراسری کانون‌های شورشی است که در تمام روزهای سال بی‌وقفه در حال فعالیت‌اند و مبارزات و عملیات ضداختناق را در سال ۹۹ به‌بیش از دو برابر سال قبل افزایش دادند.

از جهان آخوندهای غارتگر، سهم مردم ما گرانی و گرسنگی و شلاق و اعدام است. اما در جهان مقاومت، پشتوانه مردم ما، یک، دو، سه و هزار اشرف است. یعنی کانون‌های شعله‌ور آزادی در ایران و در سراسر جهان.

در این رویارویی تاریخی بین استبداد و آزادی، صورت مسألهٔ آخوندها هم‌چنان‌که خودشان بارها گفته‌اند، تشکیلات مجاهدین است. همان که در بحبوحهٔ قتل‌عام در سال ۶۷ هم در زندان‌ها و شکنجه‌گاه‌ها به دنبال از بین بردن آن بودند.

بله، ما یک مقاومت سازمان‌یافته‌ایم. و این همان چیزی است که آخوندها را به‌جنون رسانده است.

همین روابط متحد و مستحکم است که مجاهدین را در این چنددهه و در پایداری ۱۴ ساله در اشرف و لیبرتی حفظ کرده است.

ولی‌فقیه ارتجاع، یک بار بعد از قیام دی ماه ۹۶ و یکبار هم بعد از قیام آبان ۹۸ با خشمی دیوانه‌وار، مجاهدین را ارگان رهبری قیام معرفی کرد. در همین قیام‌ها بود که استراتژی مجاهدین و کانون‌های شورشی در کف خیابان‌ها محک خورد و حقانیت آن به اثبات رسید.

شورای ملی مقاومت ایران در چهل‌سال گذشته امتحان آزادی و استقلال و آزمایش

ماندگاری و توانمندی داده و در تاریخ معاصر ایران، نقشی بی‌همتا دارد و جایگزین این رژیم برای استقرار یک جمهوری دمکراتیک است.
این شورا طبق برنامه‌اش، شش ماه بعد از سرنگونی رژیم آخوندی، جای خود را به مجلس مؤسسان و قانونگذاری ملی می‌دهد تا به تدوین قانون اساسی جمهوری جدید بپردازد.

«نه شاه نه شیخ» معنای ضروری آزادی

وقتی خمینی نسل بی‌شماری را اعدام و پرپر کرد و همهٔ گروه‌های سیاسی را از میان برداشت، وقتی که به‌نظر می‌رسید همه چیز تمام شده است، مقاومت ایران و ارتش آزادی به‌عنوان یک نیروی تعیین‌کننده به‌پاخاست و زهر آتش‌بس را به‌حلقوم خمینی ریخت. در غیر این‌صورت، خمینی قصد رسیدن به مدیترانه و به گفته خودش فتح قدس از طریق کربلا را داشت.
باز همین مقاومت بود که جهان را از خطر بمب اتمی این رژیم نجات داد. اگر دست کم ۱۲۰رشته افشاگری درباره سایت‌ها و فعالیت‌های پنهان اتمی رژیم نبود، آخوندها با دستیابی به بمب، جهان را در شرایط هولناکی فرو برده بودند.
این مقاومت ایران بود که از سه دهه پیش جهان را از وجود بنیادگرایی برخاسته از حکومت آخوندی به‌عنوان تهدید اصلی آگاه کرد و نسبت به گسترش تروریسم آن در تمام جهان هشدار داد.
نمونه جدید آن اقدام به بمب‌گذاری در گردهمایی ایران آزاد در ژوئن ۲۰۱۸ در پاریس بود که یک دیپلمات رژیم به‌دلیل این اقدام تروریستی، به ۲۰ سال زندان در بلژیک

> **خواست ما و مردم ما در این سه کلمه خلاصه می‌شود: آزادی، دمکراسی و برابری. تا جایی که به‌جامعه جهانی مربوط می‌شود، خواست ما از آن‌ها این است که مبارزه مردم ایران برای سرنگونی رژیم و برای تحقق همین سه کلمه را به‌رسمیت بشناسند.**

محکوم شد. هم‌چنین این، سازمان مجاهدین بود که با معرفی حقیقت اسلام به مثابه آئین رحمت و رهایی، آنتی‌تز مؤثری در برابر بنیادگرایی و استبداد دینی ارائه کرد.
به‌همین دلیل مقاومت ایران، در محور همبستگی شیعه و سنی در ایران و در سراسر خاورمیانه قرار گرفته است. این جنبش، نقطه پایان تفرقه و تبعیض مذهبی و نقطهٔ شروع برادری پیروان ادیان و مذاهب گوناگون است. این تنها نمونه‌یی در سراسر خاورمیانه و کشورهای مسلمان است که یک جنبش اپوزیسیون مسلمان توانسته از اصل جدایی دین و دولت دفاع کند و این مقاومت ایران است که با یک طرح مشخص از حق خودمختاری برای همهٔ ملیت‌های تحت ستم مضاعف، در چارچوب وحدت و تمامیت ارضی ایران دفاع می‌کند.
هم‌چنین مقاومت ایران، پرچمدار روابط عادلانه، بر اساس احترام به‌استقلال، حاکمیت ملی و مصالح دو جانبه با همسایگان و تمام جهان است.
شرکت بیش از هزار قانونگذار و مقام‌های ارشد کنونی و پیشین از پنج قاره جهان که در اجلاس سه روزهٔ حاضر برای همبستگی با خواست مردم ایران حضور دارند، گواه همین حقیقت است. به‌همهٔ آن‌ها صمیمانه درود می‌فرستم.
تجربه مقاومت ایران، چکیده ۱۲۰ سال مبارزهٔ مردم ایران برای آزادی است. تجربه بزرگ ما و مردم ما از فردای سی خرداد، در عبارت «نه شاه نه شیخ» فشرده شده و این معنای حقیقی، واقعی و ضروری آزادی و استقلال در میدان عمل است.

تجربه مقاومت ایران

تجربهٔ ۴۰ سالهٔ محک خوردهٔ ما اینست که رژیم ولایت فقیه، اصلاح و استحاله بر نمی‌دارد. جریان‌های دروغین اصلاحات و اعتدال یا نمایش انتخابات، سرپوشی برای پنهان‌سازی شرایط عینی آماده برای سرنگونی این رژیم بوده است وحالا، دورانداختن اصلاح‌طلبان قلابی از جانب اربابشان به این معنی است که دیگر شرایط سرنگونی قابل کتمان نیست. تجربهٔ مقاومت در چهاردهه مبارزه پررنج و خون با رژیم آخوندی این است که وقتی فرد یا گروه و حزبی به‌خاطر مصلحت یا منفعت، این حقیقت را که رژیم آخوندها دشمن اصلی ایران و ایرانی است، نادیده می‌گیرد، گام به گام به همین دشمن ضدبشری نزدیک

می‌شود. سپس به زبان‌های گوناگون به شورای ملی مقاومت و مجاهدین می‌تازد. تا جایی که سرانجام ماهیت خود را رو کرده و مانند آخوندها، خواهان نابودی مجاهدین می‌شود. و بعد از هر دری وارد می‌شود تا ثابت کند رژیم آخوندی، خیلی بهتر از مجاهدین است. برخی هم عیناً مانند ارگان‌های امنیتی و اطلاعاتی رژیم، با ژست‌های روشنفکرانه یا در پوشش تحقیقاتی یا ژورنالیستی ادعا می‌کنند که رژیم حاکم بر ایران، اصلاً آلترناتیوی ندارد! واقعا که بهتر از این نمی‌شود آب به آسیاب دشمن مردم ایران ریخت.

در عرصهٔ بین‌المللی هم، تجربهٔ ۴۰ ساله مقاومت ایران تردیدی باقی نمی‌گذارد که تهدید در سیاست دولت‌ها، همیشه مماشات با این رژیم است. تهدید، باج دادن به رژیم و قربانی کردن مقاومت و حقوق بشر مردم ایران به‌خاطر منافع تجاری و سیاسی است.

تجربهٔ چهاردهه مبارزه سهمگین، این را اثبات می‌کند که رژیم حاکم تغییر نمی‌کند مگر با قیام و سرنگونی. مجاهدین همین ضرورت را دریافته‌اند و با انقلاب و دگرگونی، عزم و توان مبارزاتی خود را صدچندان کرده و راه پیشروی برای آزادی مردم ایران را می‌گشایند.

با چنین دگرگونی است که نیروی سرنگون کننده:

اولاً صلاحیت حضور در میدان نبرد سرنگونی را کسب می‌کند

ثانیا شایسته بنا کردن یک جامعه آزاد و رها می‌شود. تجربه ما ارزش و اهمیت بی‌جایگزین انسان‌های آرمان‌گرا و گذشته از همه منافع فردی و شخصی است که خود را وقف یک مبارزه جمعی و سازمان‌یافته برای آزادی کرده‌اند.

تجربه این است که به کسانی که آیهٔ یأس دربارهٔ جامعه ایران می‌خوانند اعتنایی نکنیم، به‌عکس به‌جوشش انقلابی جامعه ایران برای سرنگونی رژیم تا بن استخوان امیدوار باشیم.

با این مسیر طی شده است که می‌گوییم:

> **شورای ملی مقاومت ایران، طبق برنامه‌اش، شش ماه بعد از سرنگونی رژیم آخوندی، جای خود را به مجلس مؤسسان و قانونگذاری ملی می‌دهد تا به تدوین قانون اساسی جمهوری جدید بپردازد.**

راه و راه حل در همین مقاومت است. رهروان مصمم این راه حاضرند، پل پیروزی به سوی آینده را می‌سازند و آزادی را از آن مردم ایران خواهند کرد.

اعتقاد به توانایی انسان

مبارزه و عزم مقاومت ما برای سرنگونی رژیم، برخاسته از اعتقاد ما به توانایی انسان‌است. ما معتقدیم که هر عضو این مقاومت، هر هوادار این جنبش، و هر عضو کانونهای شورشی می‌تواند کاری کند کارستان و هر انسان آزاده‌یی که قدمی یا قلمی یا درمی با این جنبش همراهی می‌کند، تعیین‌کننده است.

ما بر این باوریم که دست‌ها و اراده‌های خود ما و مردم ماست که رؤیای آزادی را به‌واقعیت سیاسی و اجتماعی در ایران تبدیل می‌کند. به همین دلیل است که ما نه به‌جدال‌های درون فاشیسم دینی چشم دوخته‌ایم؛ و نه به‌تضادهای آن با دولت‌های غرب. به‌قول مسعود «قرار نبوده که این یا آن دولت در آمریکا یا اروپا برای ما در سینی طلایی آزادی بیاورند. مستقیم یا غیرمستقیم بر ضد ما و ملت ما با شاه و شیخ نباشند و سنگ نیندازند، کفایت است».

ما در برابر هر کس یا هر حزب و گروهی که کار سرنگونی رژیم و برقراری آزادی در ایران را پیش ببرد، سر فرود می‌آوریم. و هرگز مصالح و منافع گروهی را بر آن‌چه بتواند ایران اسیر را زودتر به‌آزادی برساند، ترجیح نداده و نمی‌دهیم.

ما سیاست صبر و انتظار در پیش نگرفته‌ایم تا ببینیم چه می‌شود. به‌عکس در صحنه عمل پیشتاز بوده‌ایم. به‌عنوان مثال: در مورد امر برابری زن و مرد، آن‌چه را که برای جامعهٔ فردا می‌خواهیم، از همین امروز آغاز کرده و آن را در صفوف همین مقاومت با پیشتازی زنان شکوفا کرده‌ایم.

در مورد غیراتمی شدن ایران، از همین امروز برای آن دست به‌کار شده‌ایم و راه را بر رژیم بسته‌ایم و در مورد استقلال که باید اصل اساسی حاکم بر سرنوشت کشورمان باشد، از خودمان آغاز کرده‌ایم. و افتخار می‌کنیم که روی پای خود ایستاده‌ایم و فقط به مردممان اتکا داریم.

ما هیچ‌گاه اصول و ارزش‌های خود را به‌خاطر مصلحت روز قربانی نکرده‌ایم. اگر مجاهدین

با خمینی کنار می‌آمدند و قانون اساسی ولایت فقیه را می‌پذیرفتند، همه راه‌ها به روی آن‌ها باز بود. اما همه دیدند که وقتی خمینی از مسعود که کاندیدای انتخابات ریاست جمهوری بود، خواست مثل سایر نامزدها قانون اساسی ولایت فقیه را بپذیرد تا صلاحیت پیدا کند(!)، مسعود بلادرنگ انصراف خود از ریاست جمهوری این رژیم را اعلام کرد و مجاهدین علاوه بر تحریم رفراندوم قانون اساسی ولایت فقیه، اعلام کردند که در انتخابات ریاست جمهوری شرکت نمی‌کنند. بله دور باد از نسل مجاهدین هرگونه قدرت‌طلبی وجاه‌پرستی و اول من.

خواست ما: آزادی، دمکراسی و برابری

ما از همان اوایل در توصیف خمینی و رژیم‌اش کلمهٔ ارتجاع را به‌کار بردیم و از آن دست برنداشتیم. از کلمه آزادی هرگز کوتاه نیامدیم و ۴۰ سال است بر سرنگونی پا فشرده‌ایم و آن‌قدر پا می‌فشاریم، آن‌قدر بر این دیوار می‌کوبیم تا فرو بریزد و ایران اسیر آزاد شود.
حالا ببینیم که ما و مردم‌مان چه می‌خواهیم؟ و چگونه می‌خواهیم به‌آن دست پیدا کنیم؟
خواست ما و مردم ما در این سه کلمه خلاصه می‌شود: آزادی، دمکراسی و برابری.
تا جایی که به‌جامعه جهانی مربوط می‌شود، خواست ما از آن‌ها این است که مبارزه مردم ایران برای سرنگونی رژیم و برای تحقق همین سه کلمه را به‌رسمیت بشناسند.
خواست ما محاکمه خامنه‌ای، رئیسی و اژه‌ای و دیگر مسئولان قتل‌عام به‌جرم جنایت علیه بشریت و نسل‌کشی است.
از شورای امنیت سازمان ملل می‌خواهیم که ترتیبات حسابرسی و محاکمه بین‌المللی آخوند رئیسی به‌جرم ارتکاب جنایت علیه بشریت را فراهم کند و در اجلاس آینده مجمع عمومی او را نپذیرد.
حرف ما این است که رژیم آخوندی هیچ‌گاه پروژه دست‌یابی به بمب اتمی وصدور تروریسم و جنگ‌افروزی در منطقه را رها نمی‌کند. بنابراین باید به‌عنوان تهدید اصلی صلح و امنیت، تحت تحریم‌های بین‌المللی و ذیل فصل هفت منشور ملل متحد قرار بگیرد.

محاکمه خامنه‌ای، رئیسی و اژه‌ای

اجل تاریخی ولایت فقیه فرا رسیده است. و خامنه‌ای دشمن مردم ایران باید برود.
این خامنه‌ای بود که هزاران جوان را در قیام آبان کشت. اوست که دستور گران شدن بنزین را داد و از گرانی پی‌درپی مهم‌ترین کالاها حمایت می‌کند. اوست که بیماری کرونا را عمداً گسترش داد و از واردات واکسن جلوگیری کرد.
این خامنه‌ای است که مقصر اصلی مرگ بیش از ۳۲۰ هزار تن از هموطنان ما بر اثر این بیماری است. فاجعه‌یی که بخش عمده آن قابل اجتناب بود. در همین روزها رئیس مرکز تحقیقات ویروس‌شناسی گفت: عدم پیگیری و کنترل کرونا در کشور شکل عامدانه به‌خود گرفته است و این سپاه جرار خامنه‌ای است که عامل کشتار ۱۷۶سرنشین هواپیمای اوکراینی است.
این ولی فقیه و نظامش است که میلیون‌ها ایرانی را گرسنه نگهداشته تا ثروت هزار میلیارد دلاری بنیادهای خود را بیشتر کند.
باید پرسید، مگر دارایی و درآمد کشور به‌مراتب بیشتر از نیازها و کمبودهای جامعه نیست؟ پس چرا میلیونها نفر، گرسنه سر بر بالین می‌گذارند؟ چرا هزاران کارگر نفت و پتروشیمی، حقوقشان کفاف حداقل زندگی آن‌ها را نمی‌دهد؟
چرا باید رزیدنت‌ها و پرستاران به‌خاطر نداشتن هیچ حق و حقوقی دست به خودکشی بزنند؟ و چرا مردم ایران در اولیه‌ترین نیازهایشان مثل آب و برق و نان در تنگنا و بدون چاره‌اند. ولی این خامنه ای است که بدست مردم و جوانان شورشی بیچاره و جارو خواهد شد.
در این‌جا می‌خواهم به نسل شورشگر ایران به دختران و پسرانم در سراسر میهن، صدای من برسد که مبادا، مبادا یک روز و یک ساعت قلب‌تان از درد و اندوه مردم محروم‌تان خالی شود. از کنار زنی با دو بچهٔ کوچک که به چادرش آویزان‌اند و برای فروش کوپن ناچیز سهمیه خود به‌خیابان آمده است، ساده نگذرید. از کنار خودسوزی آن معلم و مالباختهٔ جان به لب رسیده و اعتراض کشاورزان کارد به‌استخوان‌رسیده بی‌تفاوت عبور نکنید.
از کنار هزاران کودکی که در تهران هر روز ۱۲ساعت در آلوده‌ترین محیط‌ها در حال زباله‌گردی‌اند و اغلب محل زندگی و خواب‌شان نیز همان جاست، بی‌اعتنا نگذرید.

مسئولیت نجات و آزادی همهٔ آن‌ها برعهده شماست.

کانون‌های شورشی

راه‌حل و تنها راه‌حل، سرنگونی رژیم تبهکار آخوندهاست. ما برای به‌دست آوردن آزادی، به‌اتفاق و تصادف یا معجزه‌یی که اختناق را درهم بشکند، امید نبسته‌ایم. کارزار سرنگونی بنایی است که ما آن را با رنج‌ها و خون‌دل‌های بسیار می‌سازیم. استراتژی این مقاومت مبتنی بر ماهیت و سیاست رژیم است.

این استراتژی که خیزش عظیم آبان ۹۸ دائره‌المعارف آن است، پاسخ به‌یک فاشیسم دینی است که تا لحظهٔ آخر از سرکوب دست بر نمی‌دارد.

ما مسیر خود و اصول خود را از همان اصولی استخراج کرده‌ایم که بر شرایط جامعه حاکم است. ما همان راهی را روشن و تابان کرده‌ایم که جامعه ستمزده مشتاق پیمودن آن است.

آری این ارتش گرسنگان و بیکاران و بی‌شماران است که چیزی برای از دست‌دادن ندارند. و ازاین جاست که ارتش بزرگ آزادی برمی‌خیزد.

ظلمت‌کده را دوباره روشن سازیم
ویرانه وطن دوباره گلشن سازیم
این میهن زخم خورده را باردگر
آزاد زقید و بندِ دشمن سازیم

با چنین اشتیاق و عطشی به آزادی است که می‌گوییم: راه و راه حل در همین مقاومت است. کانون‌های شورشی و رهروان مصمم این راه حاضرند، پل پیروزی به سوی آینده را می‌سازند و آزادی را از آن مردم ایران خواهند کرد.

سلام برآزادی
سلام بر مردم ایران
درود بر همه شما

ایران

FREE IRAN

استراتژی بمب، موشک و جلاد محکوم به شکست است

سخنرانی مریم رجوی در دومین اجلاس جهانی ایران آزاد
اروپا – خاورمیانه در حمایت از مقاومت
(۲۰ تیر ۱۴۰۰-۱۱ ژوئیه ۲۰۲۱)

تعهد ما برپایی یک ایران آزاد است

به همهٔ شما که در دومین روز گردهم‌آیی ایران آزاد حضور دارید، بار دیگر از صمیم دل درود می‌فرستم. این گردهم‌آیی برای رساندن پیام مردم ایران به جامعهٔ جهانی و برای یادآوری تعهد ماست.
ارادهٔ مردم ایران این‌است که دیکتاتوری دینی ولایت فقیه، چه با اتمی، چه بی‌اتمی در هر حال سرنگون شود و سرنگون خواهد شد.
پیام ما به‌جامعه جهانی، مخصوصاً بعد از یکپایه شدن رژیم و قرار گرفتن یک سرجلاد در موضع رئیس‌جمهور، این است که به جلاد اتمی امتیاز ندهید! و به آخوندها که به‌لبه پرتگاه سرنگونی رسیده‌اند، امداد نرسانید.
اما تعهد ما برپایی یک ایران آزاد است و یک جمهوری دمکراتیک، با جدایی دین از دولت، برابری زن و مرد، خودمختاری ملیت‌های تحت ستم، و یک ایران غیر اتمی.
به شما دوستان ارجمند مردم و مقاومت ایران از اروپا و جهان عرب که در گردهم‌آیی امروز حضوردارید، درود می‌فرستم. شما که برای صلح و دوستی و آزادی و دمکراسی در کنار مردم ایران علیه فاشیسم دینی ایستاده‌اید، درود به همه شما.

استراتژی بمب و موشک جلاد

خامنه‌ای در اثنای مذاکرات اتمی، خطوط دیگری را هم به‌طور موازی دنبال کرده است.
از جمله:
انواع تلاش‌ها با انواع بهانه‌ها برای رسیدن به بمب اتمی و هر چه کمترکردن فاصله

زمانی برای رسیدن به سلاح هسته‌یی.
حمله‌های پی‌درپی با موشک و پهپاد به‌کشورهای همسایه و کشتی‌ها، نفتکش‌ها، تأسیسات و پایگاه‌های آمریکا در منطقه و در عین حال تست واکنش و ارادهٔ طرف مقابل.
حملات موشکی و پهپادی به عین‌الاسد و سفارت آمریکا در بغداد و کنسولگری آن در اربیل به یک روش جاری تکراری این رژیم تبدیل شده است و این در حالی است که مردم ایران آب و برق و نان ندارند. بحران برق در حالی است که مردم ایران روی دریای نفت زندگی می‌کنند و به سادگی می‌توان برق مورد نیاز مردم ایران را تولید کرد.
ده‌ها میلیون نفر از این وضعیت، کلافه و خشمگین هستند و هر روز در سراسر ایران، اعتراض‌های آن‌ها را علیه این رژیم می‌بینیم که شعار می‌دهند، مرگ بر خامنه‌ای -مرگ بر دیکتاتور.
خامنه‌ای برای هزینه‌های برنامه اتمی به سفره مردم تهاجم کرده و میلیون‌ها ایرانی را به‌گرسنگی کشانده است. مگر بخش بزرگی از صنعت نفت و گاز و پتروشیمی که از سه هفته پیش اعتصاب کرده‌اند، حرف‌شان چیست؟ آن‌ها دیگر آه در بساط ندارند. آن‌ها دیگر نمی‌خواهند ستم و سرکوب ادامه پیدا کند.
خامنه‌ای هزینه‌های هنگفت سپاه پاسداران و ارگان‌های امنیتی، اطلاعاتی و نیروهای نیابتی در عراق و سوریه و لبنان و یمن را از جیب مردم ایران می‌پردازد و با این غارتگری‌هاست که در ۸ سال ریاست جمهوری آخوند روحانی ارزش پول ایران در برابر دلار که شاخص قدرت خرید واقعی مردم است، نزدیک به ۸ برابر تنزل کرده است.

انتصاب رئیسی، جلاد قتل‌عام

در مورد شعبدهٔ انتخابات رژیم باید بگوییم که نشاندن یک سرجلاد قتل‌عام ۶۷ بر صندلی ریاست جمهوری و تک‌پایه‌کردن رژیم، کاری تصادفی و حساب‌نشده نیست. این جبر خامنه‌ای بود و از دو سال پیش برای آن زمینه‌سازی می‌کرد.
این یک آرایش جنگی و سرکوبگرانه در مقابل قیام‌هاست. این، دست بازداشتن در برنامه‌های اتمی و موشکی است و این پرکردن جای قاسم سلیمانی در جنگ‌افروزی در منطقه و ماجراجویی‌های بین‌المللی است.

رئیسی، مطیع‌ترین و سر به‌راه‌ترین است، چون جلادترین است.
هیچ میدانی برای مانور و زاویه‌گرفتن با خامنه‌ای در مقام پدرخوانده داعش چه شیعه، چه سنی و اصلی‌ترین حامی تروریسم در جهان امروز ندارد. یک قلم، دست او به خون ۳۰هزار زندانی سیاسی در ایران در سال ۶۷ آغشته است که بیش از ۹۰ درصد آن‌ها از مجاهدین بودند. البته این غیر از هزاران اعدام قبلی و بعدی طی این ۴۰سال است.
مردم ایران شعبده انتخابات این رژیم را تحریم کردند و حالا حرفشان این است که باید آخوند رئیسی به‌جرم ارتکاب جنایت علیه بشریت حسابرسی و محاکمه شود.

افشاگری‌های اتمی مقاومت ایران

حالا سوال این است که در برابر رژیم حاکم بر ایران و استراتژی شرورانه آن، مسئولیت مبرم جامعه جهانی چیست؟
آیا اصولاً جامعه جهانی مسئولیتی دارد یا می‌تواند با «باری به هر جهت» یا محکومیت‌های صوری و بیانیه‌های سیاسی بی‌محتوا و تکراری از کنار آن بگذرد؟
بگذارید یادآوری کنم که مقاومت ایران در سال ۱۳۶۹به‌مذاکرات سری سران رژیم دست یافت که در آن رفسنجانی می‌گفت برای بقای نظام باید به‌بمب اتمی دست پیدا کنیم. در ۲۰ مرداد ۱۳۸۱ هنگامی که مقاومت ما برای اولین بار پروژه اتمی رژیم را در نطنز و اراک افشا کرد، ما مجدداً اعلام کردیم که رفسنجانی رئیس جمهور وقت رژیم، در جلسهٔ شورای‌عالی امنیت رژیم تصریح کرده است :«دستیابی به‌سلاح اتمی مهمترین تضمین برای بقای ماست و در این‌صورت کشورهای غربی نخواهند توانست جلوی نفوذ

خامنه‌ای هزینه‌های هنگفت سپاه پاسداران و ارگان‌های امنیتی، اطلاعاتی و نیروهای نیابتی در عراق و سوریه و لبنان و یمن را از جیب مردم ایران می‌پردازد و با این غارتگری‌هاست که در ۸ سال ریاست جمهوری آخوند روحانی ارزش پول ایران در برابر دلار که شاخص قدرت خرید واقعی مردم است، نزدیک به ۸ برابر تنزل کرده است.

و پیشروی انقلاب اسلامی را بگیرند».
بعد از مرگ خمینی هم، خامنه‌ای سرنوشت خود و نظام‌اش را به برنامه اتمی گره زده است. همان طور که خمینی سرنوشت خودش را به جنگ با عراق گره زده بود.
در مقابل، مقاومت ایران از سال ۱۳۷۰ با افشاگریهای پی‌درپی، برهم زدن طرح رژیم را در دستور کار خود قرار داد و در سال ۱۳۸۱ سری‌ترین و مهمترین سایت‌های اتمی رژیم را در معرض آگاهی تمام جهان قرار داد.
سران رژیم بارها اقرار کرده‌اند، که این افشاگری تأثیر تعیین‌کننده در دورکردن رژیم از بمب داشته است. این افتخاری برای مقاومت ایران است که به یمن فداکاری اعضا و هواداران‌اش در داخل ایران بیش از تمام دولت‌ها و نهادهای بین‌المللی اثرگذار بوده و مانع دستیابی رژیم آخوندی به بمب اتمی شده است.

دور تسلسل فریبکاری و مماشات

در دو دهۀ گذشته کنش و واکنش کشورهای غرب با رژیم آخوندها در دور تسلسلی از فریبکاری و مماشات خلاصه شده است. یعنی درحالی‌که رژیم فریبکارانه برنامه اتمی‌اش را پنهان می‌کرد، جامعه جهانی در مقابل می‌خواست با امتیاز دادن و مماشات، پروژه اتمی رژیم را متوقف و یا مهار کند.
بعد از افشای سایت‌های سری نطنز و اراک، دولت‌های غربی نه تنها اقدام قاطع متقابلی نکردند، بلکه مدتی بعد مذاکراتی همراه با دادن امتیازهای سیاسی و اقتصادی مهم به‌رژیم را شروع کردند. پاسخ ما هم با بمباران و خلع سلاح و یک لشکرکشی در فرانسه و دستگیری ۱۸۵ نفر از اعضای مقاومت در ۱۷ ژوئن ۲۰۰۳ داده شد، که دوویلپن و خرازی بر سر آن در تهران، توافق کرده بودند. هم‌چنان‌که جک استرا و روحانی هم در مورد بمباران مجاهدین در عراق گفتگو و معامله کرده بودند.
در مورد مذاکرات آن زمان، بعدها آخوند روحانی در کتاب خود نوشت: «در همان زمانی که در تهران با اروپایی‌ها در حال گفتگو بودیم، داشتیم تجهیزات را در اصفهان نصب می‌کردیم. و با ایجاد یک فضای آرام، ما توانستیم کار در مورد اصفهان را به اتمام برسانیم». دغلکاری این رژیم را می‌بینید؟

در عوض دولت‌های اروپا از دادن بسته‌های تشویقی گوناگون به‌رژیم خسته نمی‌شدند. و البته هر چه به‌رژیم می‌دادند، می‌گفت کم است.
برای مثال تروئیکای اروپا در رویکرد شرم‌آوری در سال ۱۳۸۳پذیرفت که به‌نام‌گذاری ظالمانه مجاهدین در لیست تروریستی ادامه دهد، تا شاید آخوند خاتمی یعنی رئیس‌جمهور به‌اصطلاح اصلاح‌طلب بتواند جاه‌طلبی‌های اتمی ولی‌فقیه رژیم را مهار کند.
اما پاسخ خامنه‌ای به آنها روی‌کار آوردن احمدی‌نژاد و شکستن لاک و مهر سایت‌های اتمی و جهش دادن به‌برنامه بمب‌سازی در سال بعد بود.
اما به‌رغم همهٔ این معاملات و توطئه‌ها، اما مقاومت ایران، با صدها افشاگری بساط بمب‌سازی این رژیم را برهم زده است.

در سال ۱۳۹۲ آخوندها به خاطر تحریم در وضعیتی بودند که به قول رفسنجانی و روحانی با بالاترین تورم در منطقه، با نرخ ۴۲ درصد روبه‌رو بودند، و دراین وضعیت بود که به توافق نیم‌بند اتمی تن دادند.
به دنبال آن، دست‌کم ۱۰۰ میلیارد دلار از پول‌های توقیف‌شده به رژیم برگردانده شد. در مقابل هم آخوندها، از بازارهای اروپا و آمریکا وسیعاً برای تهیه تجهیزات اتمی استفاده کردند.
رژیم هم مثل همیشه دست باز پیدا کرد و قیمت داد و ستد با غرب را از مجاهدین گرفت و با قتل‌عام در اشرف توسط مزدوران سپاه قدس و سردژخیم قاسم سلیمانی، ۵۲ قهرمان اشرفی را با دست‌های بسته اعدام کرد و ۷ نفر نیز گروگان گرفته شدند که

در دو دههٔ گذشته کنش و واکنش کشورهای غرب با رژیم آخوندها در دور تسلسلی از فریبکاری و مماشات خلاصه شده است. یعنی درحالی‌که رژیم فریبکارانه برنامه اتمی‌اش را پنهان می‌کرد، جامعه جهانی در مقابل می‌خواست با امتیاز دادن و مماشات، پروژه اتمی رژیم را متوقف و یا مهار کند.

هنوز از سرنوشت آن‌ها خبری نیست.
با همهٔ این جنایت‌ها و رذالت‌ها، مردم و مقاومت ایران اراده کرده‌اند که دیکتاتوری دینی ولایت فقیه را با اتمی یا بدون اتمی سرنگون کنند و چنین خواهد شد.

خامنه‌ای در مسیر ساختن بمب

یادتان هست که در توافق سال ۱۳۹۴ کشورهای ۵+۱ مشوق‌ها و امتیازهای بسیاری به‌رژیم دادند، از حفظ برنامه غنی‌سازی تا کنار گذاشتن ۶ قطعنامه شورای امنیت تا ارسال پول نقد.
با این امتیازها، رژیم وارد عملیات پنهانی تکمیل برنامه اتمی خود شد. و تیم اصلی محققان تسلیحاتی خود را فعال و دست نخورده نگه داشت. صالحی رئیس سازمان انرژی اتمی رژیم اعتراف کرد که در رأکتور آب سنگین اراک لوله‌های مخزن سوخت آن با بتون پر شد، و همزمان رژیم مخفیانه لوله‌های مشابهی خریداری و حفظ کرده بود و از این عملیات فقط خود او و خامنه‌ای مطلع بوده‌اند.
وقایع و شواهد متعدد تأیید می‌کند که رژیم پیش از خروج آمریکا از برجام، تکمیل شتابان برنامه اتمی خود را شروع کرده بود.
در همان سالی که توافق اتمی امضا شد، سازمان امنیت داخلی ایالت نورد راین وستفالن آلمان اعلام کرد که ۱۴۱مورد تلاش برای خرید تجهیزات برنامه اتمی از جانب رژیم ایران را ثبت کرده است. سرویس‌های اطلاعاتی این کشور در گزارش‌های مستند دیگری فاش کردند که در هر یک از سال‌های بعد از امضای برجام، رژیم تلاش کرده بود از شرکت‌های آلمانی مواد و فناوری مورد نیاز در ساخت جنگ افزارهای کشتار جمعی را خریداری کند.
در واقع رژیم از معاملهٔ اتمی مثل آتش بس در یک جنگ در شرف شکست استفاده کرد تا به تجدید قوا و گسترش برنامهٔ اتمی‌اش بپردازد. و در اردیبهشت ۹۶ آخوند روحانی رئیس جمهور رژیم، با انتشار کتابی نوشت: اگر شرایط قبل از برجام ادامه می‌یافت «دیگر نیازی به حملهٔ نظامی گسترده از سوی دشمن وجود نداشت بلکه کشور از درون به مرحله فروپاشی می‌رسید».

با آن‌چه که به‌طور خلاصه توضیح دادم، روشن می‌شود که در هر مرحله، چطور رژیم با فریبکاری و گرفتن امتیاز مسیر رسیدن به بمب را ادامه داده است. نتیجه این‌که خامنه‌ای درحال ساختن بمب است و از آن دست برنخواهد داشت. هر توافقی هم که برای کاهش این فعالیت‌ها امضا کند و هر قولی که بدهد، دروغ محض است.

فراموش نکنیم که در ۲۰سال گذشته هیچ‌یک از سایت‌های اتمی یا هیچ یک از فعالیت‌های مخفی مربوط به‌این برنامه را رژیم، خودش اعلام نکرده است، مگر آن‌که پیشاپیش توسط مقاومت ایران یا سایر منابع افشا شده باشد. یک نمونه بسیار مهم این است که آژانس بین‌المللی انرژی اتمی، رد اورانیوم غنی‌شده را حداقل در سه سایت اتمی کشف کرد. در حالی که رژیم تا پیش از اعلام آژانس، آن را گزارش نکرده بود. و مجوز بازدید از این سایت‌ها را هم زمانی صادر کرد که آن‌ها را تخریب و پاکسازی کرده بود.

خواست مردم ایران از جامعه جهانی

بنابراین از جانب مردم و مقاومت ایران اعلام می‌کنم هر توافقی که بساط بمب‌سازی و غنی‌سازی و سایت‌های اتمی رژیم را به‌طور کامل جمع نکند، پذیرفته نیست. و مردم ایران آن را نمی‌پذیرند.

هر توافقی که ولایت فقیه را به خارج‌کردن پاسداران از عراق و سوریه و یمن و لبنان وادار نکند، پذیرفته نیست. زیرا باز هم صلح و آرامش در منطقه و جهان به گروگان گرفته شده و قربانی می‌شود. از جمله هرگز مشکل مردم فلسطین حل نخواهد شد، زیرا رژیم آخوندی مانع آن است و باید از رژیم آخوندی و مزدورانش در منطقه خلع ید شود. چه در عراق و سوریه و لبنان و یمن و چه در افغانستان.

رژیم از معاملهٔ اتمی مثل آتش بس در یک جنگ در شرف شکست استفاده کرد تا به تجدید قوا و گسترش برنامهٔ اتمی‌اش بپردازد.

از یاد نمی‌بریم که چطور سال گذشته پاسداران خامنه‌ای، برادران افغان ما را بعد از شکنجه با بی‌رحمی در رودخانه هریرود انداختند. این فاجعه به همه یادآوری کرد که مردم افغانستان و مردم همه کشورهای منطقه دشمن مشترکی دارند که رژیم حاکم بر ایران است.

در مورد مذاکرات اتمی، هر توافقی که نقض وحشیانه حقوق بشر در ایران را در نظر نگیرد و آخوندها را وادار به توقف شکنجه و اعدام جوانان ایران نکند، ذره‌یی مشروعیت ندارد. مردم ایران چنین توافق‌هایی را نمی‌پذیرند و نخواهند پذیرفت

هر چیز کمتر از این در هر لفافه‌یی هم که پیچیده شود قبول کردن فاجعه آخوندهای اتمی است.

بنا به‌تجربه ۴۰ ساله با خلافت دینی حاکم بر ایران، آخوندها فقط زبان قاطعیت و قدرت را می‌فهمند. و لازمهٔ جلوگیری از دست‌یابی به بمب اتمی، اعمال مجدد ۶ قطعنامه شورای امنیت، توقف کامل غنی‌سازی، تعطیل سایت‌های اتمی، بازرسی‌های هر زمان و هر مکان و توقف برنامه موشکی رژیم آخوندی است. شورای امنیت باید رژیم آخوندی را ذیل فصل هفت منشور ملل متحد قرار دهد.

هزینه هنگفت اتمی و فقر گسترده در ایران

واقعیت بسیار مهم این است که برنامه بمب‌سازی اتمی برای خامنه‌ای بخش مهمی از استراتژی فرار از سرنگونی است. او صدها میلیارد دلار هزینه و ضررهای سنگین ناشی از این برنامه را به مردم ایران تحمیل کرده و از سفره‌های آن‌ها دریغ کرده است.

راستی چرا کرونا در ایران تا امروز جان بیش از ۳۲۰ هزار هموطن ما را گرفته است، در حالی که بسیاری از آن‌ها قابل نجات دادن بودند؟

چرا بالاترین قربانیان کرونا در جهان به نسبت جمعیت در ایران واقع شده است؟ چرا در کشور نفت و گاز و پتروشیمی، مردم میلیون میلیون از گرسنگی به‌خود می‌پیچند؟

روز اول آذر ماه سال قبل، انتشار فیلم خودسوزی یک مادر ۳۵ ساله در کنار فرزندش جامعه ایران را شوکه کرد. این خودسوزی بعد از آن رخ داد که مأموران رژیم در بندرعباس تنها سرپناه کوچک این مادر سرپرست خانوار را تخریب کردند. دخترب‌چه

معصومی در کنار پیکر آتش گرفته مادرش فریاد می‌زد و کمک می‌خواست.

در ۱۳ بهمن وقتی محمد از کودکان کار در بندر ماهشهر خود را به‌دار آویخت، بسیاری از مردم به‌خاطرش اشک ریختند. این کودک نان‌آور خانواده، فقط ۱۴سال داشت. او سال گذشته درس و کلاس را کنار گذاشت و آب‌فروشی می‌کرد. اما با شیوع کرونا دیگر کسی از محمد آب نخرید و او جان خردسالش را که تحمل درد جانکاه فقر و بی‌پناهی را نداشت، به‌باد فنا سپرد.

این وقایع تلخ و فاجعه‌بار که هر روز جان و روان ما و مردم ما را به آتش می‌کشد، وقایع عصر گرسنگی و بیماری است که آخوندها بر سرنوشت مردم ایران حاکم کرده‌اند. اما با همهٔ این درد و رنج‌ها، ارادهٔ مردم و مقاومت ایران این است که دیکتاتوری مذهبی را چه با اتمی، چه بی‌اتمی سرنگون کنند. و سرنگون خواهند کرد.

گرانی، فقر و گرسنگی میلیونی در ایران بیداد می‌کند. در دورهٔ هشت ساله آخوند روحانی، قیمت مواد غذایی بیش از پنج برابر شده است. زیرا آخوندها عمده دارایی کشور را صرف برنامه اتمی و موشکی خود می‌کنند تا قدرت پوسیده‌یی را حفظ کنند که تاریخ مصرف آن تمام شده است.

هم‌چنان‌که مسعود گفته است: «کدام ایرانی وطن‌پرست، کدام نیروی ملی و آزادی‌خواه، وکدام نیروی پیشرو و ترقی‌خواهی است که تیغ را در کف زنگی و بمب اتم را در دست شحنه مست ولایت ببیند و طاقت بیاورد؟ و راستی آیا قبل از انرژی هسته‌یی، این آزادی و حاکمیت و کار و نان و مسکن نیست که حق مسلم ملت ایران است؟» بله آزادی و دمکراسی حق مسلم مردم ایران است.

> **واقعیت بسیار مهم این است که برنامه بمب‌سازی اتمی برای خامنه‌ای بخش مهمی از استراتژی فرار از سرنگونی است. او صدها میلیارد دلار هزینه و ضررهای سنگین ناشی از این برنامه را به مردم ایران تحمیل کرده و از سفره‌های آن‌ها دریغ کرده است.**

سرنگونی رژیم چه با اتمی، چه بی‌اتمی

تحریم سراسری و بی‌سابقه نمایش انتخابات اخیر، فقط به‌معنی رویگردانی از رژیم نیست، بلکه پشتوانه اجتماعی خیزش‌های گسترده‌یی است که در سال‌های اخیر علیه رژیم آخوندی جریان پیدا کرده است. تحریم شعبدهٔ انتخابات رژیم، آن روی سکه قیام آبان ۹۸ است، که رژیم هنوز از آن هراسان و وحشت‌زده است.

استراتژی خامنه‌ای به‌تعویق انداختن سرنگونی است. یادآوری می‌کنم که شاه، دیکتاتور سرنگون‌شده پیشین نیز، رژیم خودش را به‌انواع تسلیحات پیشرفته، از جمله مدرن‌ترین جنگنده‌های ساخت آمریکا مجهز کرده بود. اما زمانی که قیام‌ها بالا گرفت آن همه ساز و برگ نظامی گران‌قیمت و آن جنگنده‌های پیشرفته هیچ‌کدام به‌داد شاه نرسید.

خامنه‌ای سقوط حکومت‌های عراق و لیبی را این‌طور جمع‌بندی کرده است که دستیابی به بمب اتمی، تضمین بقای رژیم ولایت فقیه است .اما وقتی قیام‌هایی مانند قیام آبان فوران می‌کند، سانتریفیوژهای نطنز یا فردو، هر کیفیت و کمیتی که داشته باشند، خامنه‌ای را نجات نخواهند داد.

کانون شورشی، ارتش آزادی و ارتش بزرگ گرسنگان و بیکاران و تهیدستان استراتژی بمب و موشک و جلاد را درهم خواهد شکست.

رژیم ولایت فقیه چه با اتمی، چه بی‌اتمی، با قیام مردم ایران و ارتش بزرگ آزادی سرنگون می‌شود.

ما با هم به استقبال ایران آزاد می‌رویم.

درود بر همهٔ شما!

ایران آزاد
زنان - تیر ۱۴۰۰

FREE IRAN
JULY 2021
FREE IRAN
UNITED
KINGDOM
ایران آزاد
تیر ۱۴۰۰

FREE IRAN
UNITED
KINGDOM
ایران آزاد
تیر ۱۴۰۰

فراخوان به محاکمه بین‌المللی خامنه‌ای رئیسی و اژه‌ای به جرم جنایت علیه بشریت

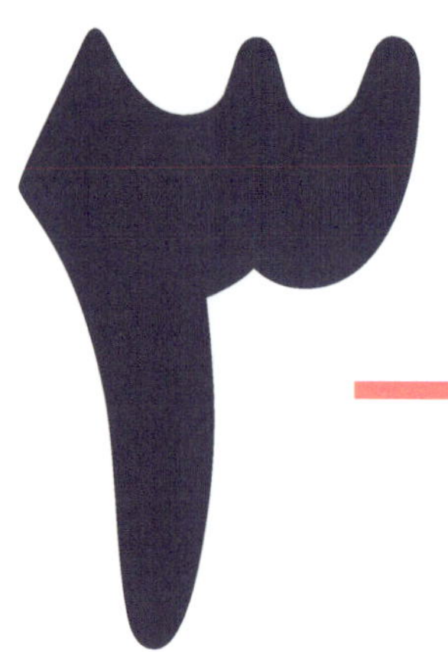

سخنرانی مریم رجوی در اجلاس جهانی ایران آزاد

۲۱تیر ۱۴۰۰

گماردن جلاد ۶۷ در منصب ریاست جمهوری تجلی دوران سرنگونی

در این گردهم‌آیی، که همزمان یادواره سربه‌داران سال ۶۷ هم هست، حضور شما دوستان بزرگ و ارجمند مقاومت برای مردم ما به‌ویژه خانواده‌های شهیدان، مایهٔ پشتگرمی است. وقتی در تمام جهان گوش‌ها با برچسب تروریستی به‌صدای مظلومیت آن‌ها بسته بود، شما و صدای وجدان شما، مرداب سکوت را شکست.

شما مبتکران سیاست درخشانی بر سر مسأله ایران هستید که سمت صحیح تاریخ را نشان داده است. شما بودید که بارها گفتید در این رژیم وحشی دنبال میانه‌رو گشتن توهم و سراب است. و حالا که خامنه‌ای یک جلاد را رئیس‌جمهور خود کرده، همه به‌آن‌چه شما گفتید اذعان می‌کنند. بله شما حقیقت را گفتید. زمان می‌گذرد و حقانیت مواضع شما درباره مجاهدین و مقاومت ایران و جایگزین دموکراتیک به اثبات می‌رسد.

گماردن جلاد ۶۷ در منصب ریاست جمهوری ولایت فقیه؛ از نظر رابطه مردم ایران با این رژیم، تجلی دوران سرنگونی است، از نظر تاریخی حکومتی که پایه‌هایش بر دریای خون مجاهدین بنا شده، محصول خلص تاریخچه ۴۲ ساله خود را در یک جلاد خونخوار ظاهر کرده است و از نظر سیاسی، نقطه پایان توهمات مربوط به میانه‌روی رژیم و نقطه شکست سیاست مماشات دولت‌های غرب با فاشیسم دینی است.

گله آدم‌خواران در رأس نظام

حالا دستگاه اجرایی را به‌یک جلاد سپرده‌اند، دستگاه قضایی را به‌یک آدم‌کش حرفه‌یی و رئیس مقننه یک چماقدار است که خودش به صراحت می‌گفت: «جزو چوب زن‌ها هستم و به آن افتخار می‌کنم که از سال ۵۸ علیه مسعود رجوی چوب می‌زدیم». راستی اگر ولایت فقیه در احتضار نبود، چه نیازی داشت که گله آدم‌خواران را در رأس دستگاه خود بگذارد؟ سازمان مجاهدین خلق در پایان نمایش انتخابات، بر اساس گزارش‌های بیش از ۱۲۰۰ خبرنگار و گزارشگر از ۴۰۰ شهر ایران و با نشان دادن بیش از ۳۵۰۰ کلیپ، میزان مشارکت در نمایش انتخابات آخوندها را کمتر از ۱۰ درصد اعلام کرد.

اما من عمدا در بحث امروز می‌خواهم به همان نتایج اعلام شده توسط وزارت کشور آخوندها استناد کنم:

بر اساس این گزارش، در شیراز که در قیام ۹۸ مسعود آن را پایتخت شورش نامید، هفتاد درصد از رأی دادن خودداری کردند. در شهر ۹ میلیونی تهران، هشتاد درصد مردم شرکت نکرده‌اند و در استان تهران، همان استان شهرهای شورشی شهریار و قلعه‌حسن‌خان و اسلام‌شهر، ۷۰ درصد حاضر به رأی‌دادن نشده‌اند.

از این رسواتر شعبده‌بازی انتخابات شوراهای شهر است. در برخی کلان‌شهرها آرای باطله اول شده است. در تهران درصد مشارکت فقط ۱۴ درصد است و در تبریز فقط یک و نیم درصد است. این حکومت یک و نیم درصدی‌هاست.

قلب داستان این است که شرایط عینی برای سرنگونی رژیم فراهم شده است. تا آن‌جا که به‌مردم ایران بر می‌گردد، در مقابل آرایش جنگی و سرکوبگرانه جدید رژیم، مثل همیشه عزم‌شان برای سرنگونی ولایت فقیه را صدبرابر می‌کنند.

رئیسی جلاد، آزمایش جامعه جهانی

اما تا آن‌جا که به‌جامعه جهانی برمی‌گردد، این آزمایشی در برابر آن‌هاست که آیا با نظام قتل‌عام، مراوده و معامله را ادامه می‌دهند یا در کنار مردم ایران می‌ایستند؟

ما به‌جامعه جهانی به‌ویژه دولت‌های غرب می‌گوییم. آخوند رئیسی مجرم است؛ به خاطر

نسل‌کشی و ارتکاب جنایت علیه بشریت در سال ۶۷. او مجرم است زیرا به‌عنوان یکی از بالاترین مقام‌های قضایی رژیم در چهارده‌ه گذشته نقش تعیین‌کننده در اعدام و کشتار فرزندان مردم ایران داشته است.

او مجرم است، زیرا در زمرهٔ سران رژیمی است که به‌کشتار ۱۵۰۰ جوان در قیام آبان دست‌زده که محققین می‌گویند عدد واقعی ۳ برابر بیشتر است. رئیسی مجرم است زیرا همین امروز هم از تمام جنایت‌های گذشته خود دفاع می‌کند و بر ادامه آن مصر است.

هم‌چنان که دبیرکل عفو بین‌الملل گفت: «این که ابراهیم رئیسی به مقام ریاست‌جمهوری دست پیدا کرده است به جای آن‌که به‌خاطر ارتکاب جنایت علیه بشریت، از جمله به‌خاطر قتل، ناپدیدسازی قهری و شکنجه، تحت تحقیقات کیفری قرار بگیرد، نمودی فجیع از سلطه مطلق مصونیت در ایران است».

از جانب مردم و مقاومت ایران تأکید می‌کنم که سازمان ملل و جامعه بین‌المللی باید قتل‌عام ۱۳۶۷ را به‌عنوان نسل‌کشی و جنایت علیه بشریت به رسمیت بشناسد.

از شورای امنیت سازمان ملل می‌خواهم که ترتیبات حسابرسی و محاکمه بین‌المللی سردمداران رژیم آخوندی، به‌ویژه خامنه‌ای، آخوند رئیسی و اژه‌ای را به‌جرم ارتکاب نسل‌کشی و جنایت علیه بشریت فراهم کند. سازمان ملل نباید رئیسی را در اجلاس آتی مجمع عمومی بپذیرد. این اهانتی نابخشودنی به‌مردم تمام کشورهایی است که نمایندگان خود را به‌ملل متحد می‌فرستند.

ما به‌هر قیمت ممکن به‌این خواست‌ها جامه عمل خواهیم پوشاند. یک روز همین مقاومت زهر آتش‌بس را به‌حلقوم خمینی ریخت. یک روز همین مقاومت، خامنه‌ای را بر سر برنامه اتمی‌اش به‌دام انداخت، و حالا نیز همین مقاومت جام زهر حقوق بشر را به‌کام ولایت خواهد ریخت. قطعا این محقق خواهد شد.

تا آن‌جا که به‌جامعه جهانی برمی‌گردد، این آزمایشی در برابر آن‌هاست که آیا با نظام قتل‌عام مراوده و معامله را ادامه می‌دهند یا در کنار مردم ایران می‌ایستند؟

«محکوم کردن مجاهدین و رهبرشان» شرط اعدام نشدن

قتل‌عام سال ۶۷، از تاریک‌ترین لحظه‌های تاریخ معاصر ایران و به قول بارونس بوترووید «این بزرگ‌ترین جنایت علیه بشریت بعد از جنگ جهانی دوم بود که کیفر داده‌نشده باقی‌مانده است».

در این لحظات به ۳۳ سال پیش باز می‌گردیم. و صحنه سئوال و جواب‌هایی را پیش چشم خود می‌آوریم که هر کدام سرنوشت و زندگی یک زندانی را تعیین می‌کرد:
در اتاقی نه چندان بزرگ در اوین یا گوهردشت یا در مشهد، اصفهان، شیراز، تبریز، اهواز یا در ده‌ها شهر دیگر؛ «سرها بریده بینی بی‌جرم و بی‌جنایت»
یک طرف چند آخوند و جلاد نشسته‌اند: اعضای هیات مرگ.
در میان همین ابلیس‌های آدم رو یکی از شریرترین و وحشی‌ترین آن‌ها ابراهیم رئیسی است و در نقطه مقابل رو به‌روی آن‌ها یک زندانی تنها به‌عنوان متهم قرار دارد. او جرمی مرتکب نشده است. بلکه از نظر محاکمه‌کنندگان جرم یک جنبش را نمایندگی می‌کند. وکیلی ندارد. اما باید وکیل یک خلق سرکوب‌شده باشد و شاهدی در بی‌دادگاه حضور ندارد. تنها شاهد خودش است. شگفت‌انگیزتر این که سئوال‌ها درباره هیچ جرمی نیست؛ بلکه درباره این است که او در کجای این زمانه ایستاده است.

سوالها این است:
آیا حاضرید مجاهدین و رهبران آن را محکوم کنید؟
آیا آماده‌اید برای جنگیدن با مجاهدین به‌نیروهای مسلح جمهوری اسلامی ملحق شوید؟
آیا حاضرید در مورد رفقای سابق‌تان جاسوسی کنید و با مأموران اطلاعاتی همکاری کنید؟
آیا حاضرید عضو جوخه‌های اعدام شوید؟
آیا حاضرید یک مجاهد را دار بزنید؟
آیا حاضرید در مورد عقاید و فعالیت‌های سیاسی خود ابراز ندامت کنید؟
آیا به‌جمهوری اسلامی اعلام وفاداری می‌کنید؟
آیا آماده‌اید برای کمک به نیروهای نظامی جمهوری اسلامی پا به میدان مین بگذارید؟

چکیده حکم خمینی: موضع مجاهدی محکوم به اعدام

این سئوال‌های دهشتناک را که قتل‌عام‌شدگان در برابر آن قرار گرفتند، از گزارش تحقیقی عفو بین‌الملل نقل کردم.
موضوع این سئوال‌ها، ادعاهای واهی هم‌چون شورش زندانیان یا رفتارشان در مدت اسارت نبود. موضوع این سئوال هاحتی ارتباط زندانیان با عملیات مجاهدین نبود. موضوع را خمینی در دو حکم پی‌درپی از پیش مشخص کرده بود. حکم او به‌طور خاص درباره مجاهدین است. حکم این است که «کسانی که در زندان‌های سراسر کشور بر سر موضع مجاهدی خود (نفاق) پافشاری کرده و می‌کنند، محارب و محکوم به‌اعدام می‌باشند».
همان زمان رئیس دیوان عالی رژیم از خمینی سئوال می‌کند آیا این حکم در مورد مجاهدین محکوم به اعدام است که تغییر موضع نداده‌اند؟ یا شامل مجاهدینی هم می‌شود که دوره محکومیت‌شان را طی می‌کنند ولی هنوز بر سر موضع‌نفاق خود هستند؟
پاسخ کوتاه و صریح خمینی این است که «هرکس در هر مرحله اگر بر سر نفاق (یعنی موضع مجاهدی خود) باشد حکمش اعدام است». هردو حکم خمینی و چکیده سئوال‌ها در آن شبه‌محاکمه‌ها این است که آیا بر موضع مجاهدی خود هستید؟ مجاهدین به‌این پرسش آری گفتند و دار و اعدام را پذیرفتند.

عفو بین‌الملل در گزارش خود به مناسبت سی‌امین سالگرد قتل‌عام نوشت : «قربانیان این کشتارها، در نقاط مختلف کشور، عمدتا هواداران سازمان مجاهدین خلق، هم از مردان و هم از زنان بودند.در استان تهران، صدها نفر از مردان وابسته به گروه‌های مخالف چپ نیز اعدام شدند». عفوبین‌الملل می‌افزاید: «در استان‌های کردستان و آذربایجان غربی، موج ناپدیدسازی‌های قهری و اعدام‌های فراقضایی چند صد زندانی وابسته به کومله و حزب دموکرات کردستان ایران را نیز قربانی خود ساخت».
به این ترتیب قتل‌عام مجاهدین به‌طور سراسری جریان داشت. هم‌زمان ماشین کشتار، بسیاری از زندانیان آزاد شده سابق یا افراد مظنون به‌هواداری از مجاهدین را هم دستگیر و روانه سالن‌های حلق‌آویز کرد. تمام آن‌ها در برابر همان پرسش سرنوشت قرار گرفتند: آیا بر سرموضع مجاهدی هستی؟

از آن روز تا همین امروز این پرسش پیوسته در برابر ما بوده و هست. این پرسش زمانهٔ ماست. سر موضع بودن یا نبودن، مسأله این است. اما مجاهدین به قول قرآن استحاله و بدلی نشدند (و مابدلوا تبدیلا).

ما به‌این پرسش آری گفته‌ایم و آری می‌گوییم و از سرنگونی رژیم و مقاومت برای آزادی مردم ایران هرگز دست بر نمی‌داریم.

نسل پایدار و «برسر موضع مجاهدی» فدیهٔ آزادی ایران

در تابستان سال ۶۷، قهرمانان مجاهد خلق پس از آن که توسط رئیسی جلاد و همدستان‌اش به‌مرگ محکوم شدند، مسیر خود را تا سالن‌های دار با شعارهای مرگ بر خمینی، درود بر آزادی و درود بر رجوی طی کردند.

آری، این سرود خون‌سرشته آزادی و سرود پایداری نسلی است که سرنوشت تازه‌یی برای مردم و تاریخ ایران اراده کرده است.

یکی از آن‌ها، زهره عین‌الیقین، رئیس وقت کانون فرهنگیان اصفهان که در آمریکا تحصیل کرده بود، در نامه‌یی از زندان اوین نوشت:

«به‌همه آن‌چه تا به‌حال گذشته فکر کردم همه چیز را یک‌بار دیگر مرور کردم؛ فکر می‌کنم هرکس در صحنه زندگی نغمه خود را می‌خواند و می‌رود ولی آن‌چه می‌ماند انسانیتی است که پاک و بی‌شائبه هم‌چنان پابرجاست».

یکی دیگر از این قهرمانان، به نام رحیم رجلی در وصیت‌نامه خود نوشته بود: «زندگی را با تمام زیبایی‌هایش دوست می‌دارم، به هرچه که شکوفایی است عشق می‌ورزم... آرزوی مردن ندارم، اما برای زندگی، مرگ سرخ را با آغوش باز می‌پذیرم و اگر در این راه سعادت شهادت یافتم، سلام مرا به مسعود برسانید و بگویید، رحیم به عهد خود وفا کرد و رجوی شد».

این تعهد خونین نسل در نسل مجاهدین است که مریم گلزاده غفوری نوشته بود:

«تا یک مجاهد خلق باقی باشد نخواهد گذاشت انقلاب را از حرکت باز دارند. مجاهد خلق از همه‌چیز خود می‌گذرد تا ایران و مردم ایران را از بند اسارت رها کند».

کارزار دادخواهی توسط مسعود رجوی

قتل‌عام مجاهدین در سال ۶۷، بخش مهم دیگری هم داشت که پروژه بزرگ پنهان‌سازی جنایت بود. اما از هفته‌های اول بعد از شروع قتل‌عام، مسعود موج موضعگیری و افشاگری و دادخواهی را در داخل و خارج ایران به‌حرکت درآورد.

از همان ماه‌های مرداد و شهریور ۶۷ در نامه‌ها و تلگرام‌های متعدد به‌دبیرکل ملل متحد اطلاعات بسیاری درباره این کشتار را فاش کرد. از جمله مفاد هر دو فتوای اصلی خمینی را اعلام کرد. در سوم شهریور سال ۶۷ به‌دبیرکل ملل متحد نوشت که خمینی طی حکمی به خط خودش دستور اعدام زندانیان سیاسی مجاهد خلق را صادر کرده».

در آذر ماه همان سال، در مصاحبه با صدای مجاهد اعلام کرد: «خمینی شخصاً دو بار حکم اعدام‌ها را به موسوی اردبیلی ابلاغ کرده و ازجمله تصریح کرده است که در مورد مجاهدین ... هر کس که سر موضعش هست ...حکمش اعدام است و بایستی فوراً اعدام شود» و این افشاگری ۱۲ سال پیش از آن بود که آقای منتظری در کتاب خودش متن این حکم را منتشر کند.

به‌نظر من فراتر از کارزار بی‌وقفه در چهار دههٔ گذشته، مسعود با حراست از همان اصول و ارزش‌های قتل‌عام‌شدگان، در دادخواهی شهیدان راه آزادی، از شرف و حرمت شهیدان بالاترین دفاع را کرده است. و تا پیروزی آرمان آن‌ها، یعنی آزادی مردم ایران به پیش می‌رود.

قتل‌عام مجاهدین در سال ۶۷، بخش مهم دیگری هم داشت که پروژه بزرگ پنهان‌سازی جنایت بود. اما از هفته‌های اول بعد از شروع قتل‌عام، مسعود موج موضعگیری و افشاگری و دادخواهی را در داخل و خارج ایران به‌حرکت درآورد.

خیلی جالب توجه است که خمینی در عزل‌نامه آقای منتظری که در فروردین ۱۳۶۸ منتشر شد و حدود ۷۰۰کلمه است، ۹بار به مجاهدین ارجاع می‌دهد ومی‌گوید تعداد اعدام شدگان را مجاهدین از طریق شما به آلاف و اولوف رساندند و مهمتر این‌که می‌گوید شما این کشور را بعد از من به‌دست لیبرال‌ها و از کانال آن‌ها به مجاهدین می‌سپارید. و به‌همین خاطر صلاحیت و مشروعیت رهبری آینده نظام را از دست داده‌اید.
به‌گواهی وقایع ۳۳ سال گذشته، آن‌چه درباره این قتل‌عام فاش شد، دستاورد جنبش دادخواهی بی‌وقفه‌یی است که مقاومت مردم ایران و خانواده‌های شهیدان و زندانیان و شکنجه‌شدگان و هزار زندانی سیاسی مجاهد خلق از جمله بازماندگان قتل‌عام ۶۷ در اشرف۳ عهده‌دارش بوده‌اند.

ضد جنبش دادخواهی

یاد دکتر اسماعیل خویی به‌خیر که در منظومه «کشتار ۶۷ به‌بانگ بلند»، در وصف سربه‌داران سرود:
این کُشته دلی داشت چو دل‌های بزرگ
آمادهٔ دل زدن به‌دل‌های بزرگ
دریای بزرگ مرگ بلعیدش، لیک
برجاست از او امید فردای بزرگ

و
این کشته، که کاکل‌اش نسیم افشانده‌ست،
در بحر خدا و خلق کشتی رانده‌ست.
- «انکار کنی مجاهدین را؟»
- «نه، نع!»
-«اعدام کنیدش: سر موضع مانده ست!»

و باز در همین منظومه، اسماعیل خویی تقلای رسوایی را که برای کم‌نمایی شمار قتل‌عام‌شدگان صورت می‌گرفت، چنین توصیف می‌کند:

نه، آقا ده هزار کمتر بوده است
بوده سه هزار و چند صد، گر بوده است
در نفس جنایت چه تفاوت ابله
صد بوده و یا که صد برابر بوده است

پیداست که جنبش دادخواهی همواره با یک ضدجنبش مواجه بوده که سرنخ آن در واقع به نهادهای اطلاعاتی رژیم می‌رسد. این ضدجنبش، رشته‌یی از دروغ‌پراکنی‌ها، و قلب واقعیت‌هاست که یکی بعد از دیگری به‌اجرا گذاشته شده است:

اول این که سال‌های سال با کتمان نام‌ها و مشخصات قتل‌عام‌شدگان و پنهان‌سازی مزارهایشان، می‌خواستند کل فاجعه را در سکوت نگهدارند. در سال‌های بعد، آن‌ها به‌تخریب مزارهای جمعی فاش‌شده رو آوردند. اما تلاش دیگر رژیم در مقابل جنبش دادخواهی هویت‌زدایی از سربه‌داران مجاهد است که به‌وسیله سرانگشتان وزارت بدنامش صورت می‌گیرد.

شگفت این که مأموران وزارت از یک طرف نه آرمان و سازمان شهیدان را برمی‌تابند و نه ایدئولوژی، استراتژی و تشکیلات آن‌ها را. اما از طرف دیگر مدعی همان مجاهدینی می‌شوند که بیش از ۹۰درصد شهیدان‌اش به‌خاطر خطوط سیاسی و اعتقادی آن، طناب‌های دار را برگزیده‌اند.

اما نه کتمان جنایت، نه پنهان‌کردن مزار شهیدان، نه هویت‌زدایی از آنان، نخواهد توانست جنبش دادخواهی را مخدوش یا متوقف کند.

راه آزادی با فداکاری باز می‌شود

در همین جا یاد می‌کنیم از مجاهد کبیر، نویسنده فقید حمید اسدیان، که در تمام این سه دهه برای افشای جلادان و زنده نگه‌داشتن خاطره قتل‌عام‌شدگان کوشید.

او در مقدمه یکی از کتاب‌هایش درباره شهیدان قتل‌عام ۶۷ در سامان شهرکرد سروده است:

تا این خاک، این خاک خونی، خونین است
قطره در دریا گم نخواهد بود

و ما در جستجوی شما
فراموش نخواهیم کرد چهره‌های قاتلان را
آری ما فراموش نخواهیم کرد.

به خانواده‌های شهیدان به خصوص به مادران شهیدان قیام آبان و زندانیان سیاسی مقاوم درود می‌فرستم و از همه هموطنان و هواداران و پشتیبانان مقاومت در داخل و خارج ایران می‌خواهم جنبش دادخواهی را گسترش دهند. امروز جنبش دادخواهی قتل‌عام‌شدگان جنبش تمام مردم ایران برای سرنگونی رژیم است.

حالا به نسل جوان و شورشگری پاسخ می‌دهم که می‌پرسند، حکایت آن ۳۰ هزار زن و مرد شجاعی که به‌جرم سر موضع‌بودن بر سردار رفتند، چه بود؟ داستان جنبش سرموضعی‌ها که تاریخ این چهار دهه را ساخته‌اند چیست؟

داستان‌اش این است که چون راه آزادی ایران، جز با فدا و قربانی هموار نمی‌شود، مجاهدین نسل‌اندرنسل گفته‌اند و می‌گویند: بفرمایید این تمام زندگی و خانمان و هستی ما.

مجاهدین با انتخابی آگاهانه و مختارانه، با گذشتن از همه چیز برای آزادی ایران و ایرانی عزم جزم کرده‌اند. آن‌ها بر ایدئولوژی خودخواهی و منافع فردی در مقابل منافع مردم و بر ایدئولوژی جنسیت و تبعیض جنسی شوریده‌اند و راه رهایی و برابری را می‌گشایند.

یکی از سمبل‌های بارز مجاهدین در این دوران، مجاهد صدیق مسعود فرشچی است که با ۴۳سال مبارزه بی‌وقفه، الگویی از یک انسان شوریده و رها از قید و بندهای ایدئولوژی جنسیت و فردیت فروبرنده بود.

”مجاهدین با انتخابی آگاهانه و مختارانه، با گذشتن از همه چیز برای آزادی ایران و ایرانی عزم جزم کرده‌اند. آن‌ها بر ایدئولوژی خودخواهی و منافع فردی در مقابل منافع مردم و بر ایدئولوژی جنسیت و تبعیض جنسی شوریده‌اند و راه رهایی و برابری را می‌گشایند.“

و این نسل زنان و مردان مجاهد و شورشی و رهاست که استحکام و پایداری مجاهدین را در حال حاضر عملی و آزادی و آبادی را در ایران فردا تضمین می‌کند. درود برمجاهد والا و پاکباز مسعود فرشچی.

حالا ۳۳ سال بعد از قتل‌عام، هم‌چنان، پرسش اساسی درباره سرموضع بودن است. ما به پرسش بزرگ دوران، آری گفته و آری می‌گوییم و با تکیه بر مردم ایران و ارتش بزرگ آزادی، رژیم آخوندی را سرنگون می‌کنیم.

سلام بر شهیدان
درود برمردم ایران

از آن ماست پیروزی
از آن ماست فردا

FREE IRAN
1988
۱۳۶۷

یادواره خاوران

در سومین روز گردهم‌آیی ایران آزاد، خانم مریم رجوی از یادواره خاوران که در اشرف۳ به یاد شهدای قتل عام درتابستان سال ۶۷ بنا شده، دیدار کرد و به شهیدان ادای احترام نمود. خانم رجوی از جانب مقاومت ایران گفت به خون ۳۰،۰۰۰ سربه‌دار قتل عام شده سوگند که ایران را از دست حکومت قتل عام و اعدام آزادی می‌کنیم.

یادواره خاوران

یادواره خاوران

یادواره خاوران

شورای ملی مقاومت
سرمایه امروز و فردای ایران

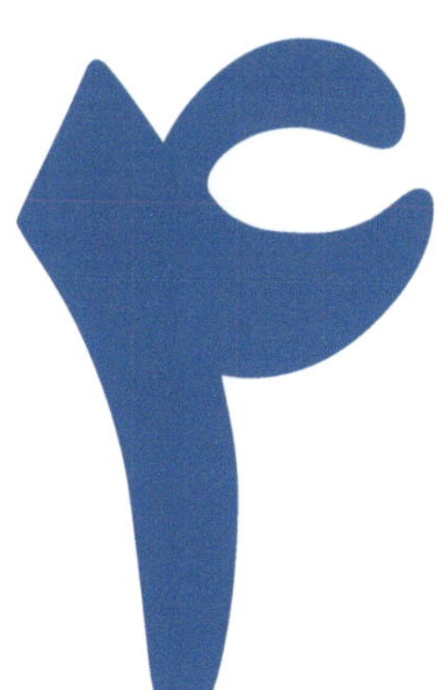

سخنرانی مریم رجوی در اجلاس دو روزه شورای ملی مقاومت

۲۱تیر ۱۴۰۰

اجلاس دو روزهٔ شورای ملی مقاومت ایران

اجلاس شورای ملی مقاومت ایران به مناسبت چهلمین سالگرد تأسیس شورا، با حضور رئیس‌جمهور برگزیده برای دوران انتقال حاکمیت به مردم ایران برگزار شد.
این اجلاس دو روزه که از یکشنبه ۲۷ تیر آغاز شده بود و در ۵۵ نقطه در ۱۲ کشور؛ فرانسه، آلمان، انگلستان،آمریکا، سوئد، نروژ، اتریش، هلند، بلژیک، ایتالیا، سوئیس و آلبانی جریان داشت؛ حوالی نیمه‌شب دوشنبه ۲۸ تیر به پایان رسید.
در آغاز اجلاس، خانم مریم رجوی با گرمترین درودها به قیام آفرینان خوزستان و هموطنان عربمان در این استان، اجلاس شورای ملی مقاومت را «اجلاس خوزستان به‌پاخاسته» نامید.
اعضای شورا در سخنان پیش از دستور خود بارز شدن قطب‌بندی سیاسی بین دیکتاتوری تک‌پایه ولایت فقیه با خامنه ای و جلاد قتل عام ۶۷ از یکسو و مقاومت سازمانیافته ویگانه جایگزین دموکراتیک(شورا) را نقطه عطفی در اعتلا و درخشش مرزبندی «نه شاه، نه شیخ» توصیف کردند.
اجلاس شورای ملی مقاومت ایران با حضور ۱۳۲ تن از ناظران و سخنرانی شماری از آنان برگزار شد. در اجلاس دو روزه در مجموع ۶۰ تن سخنرانی کردند.
مریم رجوی در ابتدای سخنان خود، یاد مصدق فقید پیشوای نهضت ملی ایران را گرامی داشت.
مشروح سخنان مریم رجوی در اجلاس شورای ملی مقاومت ایران را در این جا می‌خوانید:

گردهمایی خوزستان به‌پاخاسته

اجلاس شورای ملی مقاومت ایران را با گرم‌ترین درودها به خوزستان به‌پاخاسته و هموطنان عرب ما در این استان آغاز می‌کنیم. خوزستان کارون و کرخه، خوزستان نفت و ثروت، در حاکمیت آخوندها خوزستان رنج و تشنگی است. اما حالا، با فریاد العطش به‌پاخاسته است. این عطش آب و عطش آزادی است که همه جا را فرا گرفته است؛ از اهواز تا ماهشهر و دشت آزادگان و بستان و شاوور و کرخه و سوسنگرد و کوت عبدالله و حمیدیه و شوش. اجازه بدهید اجلاس شورای ملی مقاومت را گردهمایی خوزستان به‌پاخاسته نام‌گذاری کنیم و به یاد شهیدان مظلوم این قیام و به یاد فدیه‌های خوزستان رنج کشیده ما برای آزادی یک دقیقه کف بزنیم.

باسلام به اعضای محترم شورای ملی مقاومت،
دوستان عزیزی که به‌عنوان ناظر و هم‌سنگر و هم‌پیمان، در این اجلاس حضور دارید،
شورای ملی مقاومت ایران، ۴۰ساله شد و حالا با پایداری و سرفرازی و عزت و افتخار وارد چهل و یکمین سال حیات خودش می‌شود.
درود و تبریک به همه شما و به همه ایرانیان آزاده و همه ایرانیان به‌دور از دیکتاتوری‌های شیخ و شاه در ایران و در سراسر جهان و تبریک و درود به مسعود، بنیان‌گذار شورای ملی مقاومت ایران.
سرفرازی و افتخار در این مقاومت، با پرداخت سنگین‌ترین بهای خونین در تاریخ معاصر ایران به‌دست آمده است. این روزها، علاوه بر اعدام‌های بی‌وقفه، ما در آستانه سالگرد قتل‌عام ۶۷ هم هستیم.
هم چنین امروز، ۲۷تیر از قضا هم‌زمان با سالروز آتش‌بس تحمیلی به خمینی هم هست. آتش بسی که همین مقاومت با ارتش آزادیبخش ملی در سال ۱۳۶۷ آن را بعد از یک‌صد رشته عملیات درخشان با فدیه‌های بسیار به خمینی تحمیل کرد و خمینی آن را زهر آتش‌بس نام گذاشت. یک جنگ ضدمیهنی با یک میلیون کشته و دو میلیون معلول و مجروح فقط در طرف ایران با شعار فتح قدس از طریق کربلا.
در این روزگار، مردم ایران به سادگی و روشنی می‌گویند: دشمن ما همین‌جاست، دروغ

می‌گن آمریکاست. در آن روزگار هم همه می‌دانیم که خمینی به دروغ می‌گفت دشمن ما عراق است و تنها این مقاومت بود که با شعار صلح و آزادی یارای ایستادگی در برابر آن دجالیت بزرگ و ریختن خون جوانان و تلف کردن منابع و سرمایه های ایران به تنور جنگ را داشت.

تداوم و تکامل راه مصدق

به راستی که تداوم و تکامل تاریخی راه مصدق بزرگ، تأسیس شورای ملی مقاومت ایران است که در ۳۰ تیر ۱۳۶۰ توسط مسئول شورا در تهران اعلام شد. از این‌رو به مناسبت سالگرد قیام ملی ۳۰ تیردر سال ۱۳۳۱ ابتدا به تجلیل از مصدق بزرگ می‌پردازیم و ادای احترام می‌کنیم به شهیدان و همه هموطنانی که آن روز برای حمایت از پیشوای نهضت ملی ایران قیام کردند. مایه مباهات است که شورای ملی مقاومت در چهار دهه مبارزه بی‌امان باارتجاع و استبداد دینی، مواریث دمکراتیک انقلاب مشروطیت و نهضت ملی ایران را ارتقا داده است. و جایگزین مناسبی عرضه کرده که خواست مردم ایران برای سرنگونی این رژیم و برپایی یک ایران آزاد را نمایندگی می‌کند. یک نظام دموکراتیک جمهوری، بر اساس رأی مردم و انتخابات آزاد با جدایی دین از دولت، با برابری و عدالت، با نفی تبعیض جنسی و قومی و دینی، که از خودمختاری ملیت‌های تحت ستم در چارچوب وحدت و تمامیت ارضی ایران دفاع می‌کند. مبارزات بی‌امان این شورا و مسئول آن، در دفاع از مرزهای حیاتی جنبش آزادی خواهی ایران در برابر هجوم و تاراجگری استبداد وحشی و

”شورای ملی مقاومت در چهار دهه مبارزه بی‌امان باارتجاع و استبداد دینی، مواریث دمکراتیک انقلاب مشروطیت و نهضت ملی ایران را ارتقا داده است. و جایگزین مناسبی عرضه کرده که خواست مردم ایران برای سرنگونی این رژیم و برپایی یک ایران آزاد را نمایندگی می کند.“

باندها و متحدان داخلی و خارجی آن دستاورد بزرگ مردم ایران است.
راستی که این جایگزین بعد از ۴۰سال نبرد و مجاهدت بی‌وقفه، سرمایه امروز و فردای ایران است.

سلطه مطلقه ولی فقیه بنیاد خدشه‌ناپذیر رژیم

از سالگرد تأسیس شورا در سال گذشته تا امسال، شاهد وقایع مهمی بوده‌ایم. در این بین، نمایش انتخابات و بیرون‌کشیدن جلاد ۶۷ از صندوق‌ها و تک‌پایه کردن استبداد دینی جای ویژه‌یی دارد.
مراجعه به بیانیه‌ها و قطعنامه‌های شورای ملی مقاومت و پیام‌های مسئول شورا از سال ۶۰ تا به‌حال به‌روشنی نشان می‌دهد که این شورا درک عمیق و واقع‌گرایانه‌یی از ماهیت ارتجاعی رژیم حاکم ارائه کرده و نشان داده است که این رژیم، مسیری جز مسیر سرکوب و انقباض ندارد.
توصیف این مسیر با واژه انقباض هم، از ابتدا توسط همین شورا صورت گرفته و در حقیقت به نظریه مهمی درباره طینت رژیم و استراتژی و سیاست‌های ناگزیر آن اطلاق می‌شود.
بر حسب این نظریه:
اول: هژمونی و سلطه مطلقه ولی فقیه، بنیاد خدشه‌ناپذیر این رژیم است. چکیده قانون اساسی دست‌پخت خبرگان ارتجاع در سال ۵۸ که یک دهه بعد بازنویسی و تکمیل و آب‌بندی شد، اصل ولایت فقیه است که خمینی بعدا آن را به سلطنت مطلقه فقیه ارتقاء داد.
در اصل چهارم، کلیه قوانین و مقررات مدنی، جزایی، مالی، اداری و فرهنگی و سیاسی و نظامی را منوط به تأیید فقهای شورای نگهبان می‌کند که منصوب ولی فقیه هستند.
اصل‌های ۵ و ۱۰۷ و ۱۰۹ درباره ولایت امر و امامت امت و رهبری امت، توسط ولی فقیه است. اصل ۴۴نظام اقتصادی و مالکیت را منوط می‌کند به محدوده قوانین به اصطلاح اسلام و در اصول بعدی تفسیر آن را به عهده شورای نگهبان می‌گذارد. این همان نظام و قوانینی است که خامنه‌ای با استفاده از آن، بخش عظیمی از اقتصاد ایران را به قبضه سپاه پاسداران و بنیادهای وابسته به خودش درآورده است.

اصل‌های ۴۵ و ۴۹ اموال و ثروت‌های عمومی و ارث بدون وارث و ثروت‌های ناشی از رشوه و اختلاس را هم در اختیار حکومت اسلامی، البته از نظر آن‌ها، و بیت‌المال قرار می‌دهد و این همان چیزی است که ستاد اجرایی فرمان خمینی و تحت کنترل خامنه‌ای را به‌وجود آورده و ثروت‌اش دست کم ۱۰۰ میلیارد دلار است.

اصل ۵۷، سه قوه مقننه و مجریه و قضاییه را در چنگ «ولایت مطلقه امر و امامت امت» قرار می‌دهد. کلمه مطلقه در بازنگری قانون اساسی در سال ۶۸ به این اصل اضافه شد، یعنی ولایت مطلقه امر.

اصل‌های ۷۲ و ۹۴هم قوانین مصوب مجلس را مشروط به قبول آن توسط شورای نگهبان ولی فقیه کرده است.

اصل ۸۵ مصوبات دولت را هم مشروط به‌تأیید همان شورای نگهبان می‌کند.

اصل ۹۳ تصریح می‌کند که مجلس بدون وجود شورای نگهبان اعتباری ندارد.

اصل ۹۹ انتخابات خبرگان و ریاست جمهوری و مجلس را تحت انقیاد شورای نگهبان درآورده است.

اصل ۱۱۰ انتصاب کلیه مقام‌های اصلی رژیم از سرکردگان سپاه و ارتش و قضاییه، تا فقهای شورای نگهبان و رئیس صدا و سیما را در اختیار ولی فقیه قرار می‌دهد و اصل ۱۱۲ مجمع تشخیص مصلحت را هم به طور کامل، به کنترل ولی فقیه در می‌آورد.

اصل‌های ۱۲۲ و ۱۳۰ و ۱۳۱ هم رئیس‌جمهور رژیم را گماشته و پاسخگو و منصوب ولی فقیه می‌کند.

در اصل ۱۷۵ صدا و سیما را ابزار دست ولی فقیه می‌کند و با اصل ۱۷۶ شورای عالی امنیت را به‌شعبه‌یی از بیت ولی فقیه تبدیل می‌کند.

در توصیف آن‌چه در این یاسای چنگیزی آمده است، یک‌بار آخوند مشکینی در جلسه بازنگری قانون اساسی در سال ۶۸ گفت: «بهترین کتاب آن ... است که موضوع در آن کتاب خوب دیده بشود و آئینه خوبی باشد و ما در (کتاب) قانون اساسی، رهبر را ملاحظه می‌کنیم».

فکر می‌کنم تا این‌جا، هژمونی و سلطه مطلقه ولی فقیه به‌عنوان بنیاد خدشه‌ناپذیر این رژیم، کاملا روشن باشد.

دوم: ولایت فقیه برای حفظ تعادل درونی و بیرونی خود، نیازمند آن است که پی‌درپی

اجزا و باندهای خود را ببلعد و حذف کند. تک‌پایه کردن رژیم، باریک کردن قاعده حکومت، یا همان منقبض شدن، برای بقای این رژیم ضروری است.
ما این سیر را از گذشته تا به‌حال می‌توانیم ببینیم. از جمله:
به‌استعفا واداشتن بازرگان، اولین نخست‌وزیر خمینی که خود خمینی دولت و نخست‌وزیری او را به‌امام زمان منسوب می‌کرد،
عزل بنی‌صدر اولین رئیس‌جمهور رژیم که خودش می‌گفت نویسنده اصل ولایت‌فقیه در خبرگان بوده،
عزل منتظری، جانشین اعلام‌شده خمینی،
کنار زدن و حذف رفسنجانی که خامنه‌ای را به‌قدرت رساند.
حبس خانگی موسوی و کروبی و خانه‌نشین کردن دو رئیس جمهور دیگر رژیم یعنی آخوند خاتمی و احمدی‌نژاد و زندانی کردن دستیاران آن‌ها.....
سوم: استراتژی انقباض، همواره به موازات چند خط اساسی دیگر اجرا شده است. شامل: عملیات دائمی کنترل و سرکوب و سیاست کشتار در قبال قیام‌ها. هم‌چنین صدور جنگ و تروریسم و بنیادگرایی به کشورهای منطقه و تلاش برای سلطه‌یابی بر این کشورها و بالاخره برنامه بمب‌سازی اتمی و ایجاد زرادخانه موشکی.
چهارم: جزء لاینفک دیگر استراتژی انقباضی عبارت است از: دست‌اندازی بر ثروت و درآمد کشور، تأمین بسیاری از هزینه‌های حفظ قدرت با خالی کردن پی در پی سفره‌های مردم و سرانجام طفره‌رفتن از سرمایه‌گذاری در امور رفاهی و بهداشتی و آموزشی جامعه.
از شروع سال ۱۴۰۰، رژیم با افزایش دستوری قیمت‌ها، یعنی با مصوبات رسمی، قیمت مهم‌ترین مواد خوراکی را بالا برده است. مثل نان، لبنیات، شکر، روغن و شیر. هم‌چنین نرخ کرایه تاکسی و مترو و قیمت محصولات شوینده و لوازم خانگی را هم رسماً بالا برده است. همه این‌ها علاوه بر تحمیل انواع مالیات‌های ظالمانه به توده‌های مردم محروم است.
یک سیاست به مراتب مخرب‌تر رژیم آخوندی، سرازیر کردن اسکناس بدون پشتوانه در جامعه است. با این سیاست در هر یک از سال‌های ۹۷، ۹۸ و ۹۹ ، رژیم حجم پول را بیش از ۴۰درصد افزایش داد و به این ترتیب تورم را به طرز وحشتناکی بالا برد. این یک چپاول وحشیانه اما ناپیداست. چون جیب‌ها و سفره‌های مردم را بدون آن که متوجه بشوند، خالی می‌کند. وبا همین غارتگری‌ها مردم را به خاک سیاه نشانده است.

پنجم: سیاست انقباضی به‌رغم هیاهوی ظاهری‌اش، کارکرد قدرت رژیم نیست؛ به‌عکس بیانگر ضعف بنیادی آن است. چه آن زمان که خمینی بر جنگ جنایت‌بار خود با عراق اصرار می‌کرد و چه این زمان که خامنه‌ای بر برنامه اتمی یا موشک‌پرانی در منطقه اصرار می‌کند، بله هدف فقط قفل کردن جامعه و دور کردن خطر قیام و مقاومت برای سرنگونی است.

در این زمینه خوب است توجه شما را به یکی از ده‌ها و صدها مورد موضع‌گیری شورا و مسئول شورا جلب کنم که همین دیدگاه را به روشنی ترسیم کرده است. به‌عنوان مثال در اطلاعیه ۲۰ شهریور ۱۳۶۴ مسئول شورا گفته است: «اصرار خمینی برادامه جنگ، به رغم ناتوانی‌های بارز اجتماعی و نظامی او برای کسب پیروزی، نه از موضع قدرت بلکه دقیقا از موضع ضعف است. خمینی جنگی را که بارها "نعمت الهی" خوانده است، ادامه می‌دهد تا بر یک جنگ مهم‌تر و اساسی‌تر، که همانا جنگ داخلی او با مردم و مقاومت ایران بوده ... سرپوش بگذارد و از سر باز کردن بحران‌ها و نارضایتی‌های عمیق اجتماعی و بروز اختلافات وکشمکش‌های شدید باندهای درونی حکومتش جلوگیری نماید». این همان هدفی است که امروز خامنه‌ای با تک‌پایه کردن رژیم‌اش دنبال می‌کند.

برچیده شدن بساط اصلاحات قلابی

استراتژی انقباضی رژیم، دقیقاً مترادف اصلاح‌ناپذیری آن است. و این همان حقیقت مهمی است که جزء ثابت موضع‌گیری‌های شورای ملی مقاومت در ۴دهه اخیر است. از جمله در مقاطعی که جار و جنجال دو خردادی‌ها تمام فضای سیاسی را گرفته بود. شورای ملی مقاومت بدون هر گونه تردیدی می‌گفت «رژیم ولایت‌فقیه هیچ‌گونه قابلیت استحاله و اصلاح ندارد». و مسئول شورا بارها تکرار می‌کرد که «افعی هرگز کبوتر نمی‌زاید».

شورای ملی مقاومت در این سال‌ها مبارزه سیاسی وسیعی را با توهم پراکنی‌ها و شعبده‌بازی‌هایی پیش برد که برای میانه‌رو نشان‌دادن رژیم انجام می‌شد. به‌عنوان مثال در بیانیه ۲۵ فروردین ۱۳۷۸، تعریف و معیار تشخیص اصلاح‌طلبان واقعی را ارائه می‌کند و توضیح می‌دهد که: «شورای ملی مقاومت ایران معیار تشخیص استحاله‌طلبان قلابی از اصلاح‌طلبان واقعی را، تحمیل‌کردن انتخابات آزاد به رژیم بر اساس اصل حاکمیت مردم

می‌داند».

شورا بارها توضیح داده که نظام حاکم به‌دلیل تضاد آشتی‌ناپذیرش با حاکمیت مردم و حقوق شهروندان، اراده و ظرفیت رفرم، گشایش و استحاله ندارد. در این میان، هدف واقعی باندهای اصلاح‌طلب، طولانی‌ترکردن عمر همین رژیم پیرامون «عمود خیمه نظام» است. اما شعبده انتخابات اخیر رژیم، مراسم خاکسپاری سیاسی اصلاح‌طلبان قلابی شد، پاسداران سیاسی و مستخدمان اپوزیسیون‌نمای ولایت را به عزا نشاند و اصحاب مماشات را آچمز کرد. قیام دی ۹۶، پایان ماجرای اصلاح طلب و اصول‌گرای رژیم را اعلام کرد و از آن‌جا اصلاح‌طلبی دروغین به اغما رفت. سپس حدت‌یافتن قطب‌بندی میان مقاومت مردم ایران با رژیم، دیگر فضایی برای حیات انگلی آن‌ها باقی نگذاشت. تا این که در انتخابات نمایشی اخیر، به‌کلی مردار شدند.

با این همه گمان نکنید که این خیانتکاران حرفه‌یی هرگز از دفاع از بقای ولایت فقیه در برابر قیام و سرنگونی دست برمی‌دارند. خیر هرگز. در آستانه انتخابات کذایی رژیم، مدیران رسانه‌های موسوم به اصلاح‌طلب با عجله به نزد جلاد ۶۷ شتافتند و با او بیعت کردند و در اولین روزهای بعد از شعبده انتخابات، سردمدار آن‌ها آخوند خاتمی که قبلا لاجوردی دژخیم را خدمتگزار مردم خوانده بود، این‌بار رئیسی جلاد را منتخب مردم نامید و برای موفقیت او دعا کرد. و در عین حال از یاد نبرد که با مجاهدین و جبهه براندازی، مرزبندی کند. حالا، در همین روزها، اصلاح‌طلبان کذایی در حال عجز و لابه هستند که شاید سرجلاد، پست و مقام و نواله‌یی از قدرت به آن‌ها بدهد.

واضح است که وقتی بساط اصلاحات پوشالی برچیده می‌شود، دیگر فضایی برای رنگ‌آمیزی سرداران سپاه به‌عنوان رهبر اپوزیسیون و سپس ظاهر کردن آن‌ها در تلویزیون حکومتی برای قدرت‌نمایی توخالی باقی نمی‌ماند، دیگر علم‌کردن سایت‌ها و رسانه‌های مخالف‌نما بی‌فایده می‌شود و دیگر خیمه‌شب‌بازی مستخدمانی که باید رل اپوزیسیون بازی کنند و خود را منتقد مجاهدین بنامند، از دور خارج می‌شود. پرده‌ها کنار می‌رود و حقیقت صحنه سیاسی ایران آشکار می‌شود. به قول مسئول شورا: «از ۳۰خرداد ۱۳۶۰دو قطب بیشتر وجود ندارد: جبهه خلق و مقاومت و آزادی، در برابر ولایت فقیه و جبهه ارتجاع و دیکتاتوری و حفظ نظام و رژیم قتل‌عام».

حقانیت مواضع شورای ملی مقاومت

می‌خواهم نتیجه بگیرم که شورای ملی مقاومت قبل از هر چیز به دلیل تعهد خود برای سرنگونی استبداد مذهبی، بر طینت واقعی رژیم تأکید کرد و از این طریق برای استمرار جنبش مقاومت راه‌گشایی کرد. آن هم در زمانی که بسیاری با چپ‌نمایی به موازات ولی‌فقیه و سپاه پاسداران به‌جای ارتجاع، آدرس عراق یا امپریالیسم آمریکا و صهیونیسم بین‌الملل را می‌دادند. یا این‌که به دنبال اصلاحات موهوم در درون رژیم بودند.
این هم روشن است که دیگر نه مماشات‌گران می‌توانند با ادعای وجود میانه‌روها در داخل رژیم معامله و رابطه خودشان را توجیه کنند. نه رژیم می‌تواند جنایتکاران دست‌پرورده خود را با لباس‌های اتوکشیده به نام اصلاح‌طلب طرف حساب غربی‌ها کند. وزیر خارجه پیشین ایتالیا، در گردهم‌آیی امسال مقاومت گفت: «سال‌ها خودم به‌عنوان وزیر خارجه ایتالیا و کمیسیونر اروپا با نمایندگان رژیم و بعضاً با به‌اصطلاح اصلاح‌طلبان، در ارتباط بودم. آن‌ها خیلی خوب فریب می‌دهند و مواضع‌شان را پنهان می‌کنند».
نخست وزیر اسبق ایتالیا نیز، درباره سوابق تلاش‌های اروپا برای میانه‌روکردن رژیم یادآوری کرد: «بسیاری از شما می‌گفتید غیر ممکن است بتوانید به چنین نتیجه‌یی دست بیابید. اما ما سعی خود را کردیم و شکست خوردیم».

> **استراتژی انقباضی رژیم، دقیقاً مترادف اصلاح‌ناپذیری آن است. و این همان حقیقت مهمی است که جزء ثابت موضع‌گیری‌های شورای ملی مقاومت در ۴دهه اخیر است. شورای ملی مقاومت بدون هر گونه تردیدی می‌گفت «رژیم ولایت‌فقیه هیچ‌گونه قابلیت استحاله و اصلاح ندارد». و مسئول شورا بارها تکرار می‌کرد که «افعی هرگز کبوتر نمی‌زاید».**

تک‌پایگی، احتضار سیاسی خامنه‌ای

سیر وقایع این حقیقت را به روشنی نشان می‌دهد که انتصاب سرجلاد، برخاسته از ضعف و اضطرار رژیم است. طرح آن‌چه خامنه‌ای از آن به‌عنوان «دولت جوان حزب‌اللهی» اسم برد، چند ماه بعد از قیام ۹۶در بیت ولی فقیه ریخته شد. قیام دی ۹۶، قیام سراسری تیر ۹۷، قیام سراسری مرداد ۹۷ و قیام‌های پرقدرت دیگری هم‌چون کازرون، خرمشهر و برازجان برای خامنه‌ای تردیدی باقی نگذاشت که اداره رژیم به سیاقی که تا به‌حال بوده دیگر عملی نیست. و به این نتیجه رسید که باید با آرایش سیاسی جدیدی در مقابل قیام‌ها خط ببندد. در ۲۴ بهمن ۹۷، خامنه‌ای بیانیه «گام دوم انقلاب» یعنی ارتجاع را صادر و اعلام کرد که رژیم‌اش «تجدیدنظر پذیر و اهل انفعال نیست ... و به اصول و مرزبندی‌های خود به شدت حساس است». اولین گام مهم او در این مسیر، انتخابات فرمایشی مجلس در سال ۹۸ بود. که ترکیبی از پاسداران و اوباش نزدیک به بیت را، تحت ریاست سرچماق‌دار رژیم، پاسدار قالیباف در مجلس ارتجاع جور کرد. این ترکیب از نظر یک‌دستی و اتحاد عمل در پیشبرد منافع سپاه پاسداران نسبت به‌تمام تاریخچه رژیم، بی‌سابقه است.

گام دیگر، کشتار بزرگ درجریان قیام آبان بود که نشان داد خامنه‌ای، رژیم خود را در لبه پرتگاه می‌بیند و فقط با خون‌ریزی بزرگ می‌تواند سقوط آن را به‌طور موقت، عقب بیندازد. نتیجه این‌که این احتضار سیاسی خامنه‌ای است که در محاصره قیام و شعله‌های خشم مردم، ناگزیر از تک‌پایگی شده است.

حقیقت این است که این تحول، رژیم را وارد شرایطی کرده که به‌طور کیفی با هر زمان دیگری متفاوت است. کانون قضایا این است که تک‌پایه کردن رژیم فقط با جلادی امکان‌پذیر است که خودش از مهم‌ترین نقاط خصومت میان جامعه ایران و رژیم حاکم است.

بله، قلب داستان، بارز شدن شرایط سرنگونی این رژیم است. به‌همین دلیل خامنه‌ای حتی علی لاریجانی، پاسدار دست‌پرورده خود را هم در انتخاباتش تحمل نکرد. در حالی که او به مدت ۲۷سال جانشینی رئیس ستاد مشترک سپاه پاسداران، ریاست رادیو تلویزیون، دبیری شورای عالی امنیت و ریاست مجلس ارتجاع را برعهده داشت.

بنابراین مسیری که خامنه‌ای در پیش گرفته، مسیر قفل‌شدگی و انسداد است. مسیر بسته‌شدن میدان‌های مانور رژیم است. این مسیر در سرشت خود، هرگز توانایی‌ها و

ظرفیت‌ها و محرک‌های جدیدی برای گشودن معضلات بی‌شمار جامعه ایران ایجاد نمی‌کند. در نتیجه می‌بینیم که مذاکرات رژیم با آمریکا برای احیای برجام تاکنون به جایی نرسیده و ارگان رسمی سپاه پاسداران می‌نویسد که : «احیای برجام، هیچ‌تر از هیچ» است.
از آن‌جا که خامنه‌ای مسیر اصلاحات را به‌کلی گل گرفته و وارد شدن به آن را برای هژمونی خود خطرناک می‌داند، پس هرگونه گشایش و بهبودی در امور اقتصادی و اجتماعی هم نامتصور است.
درهمین روزها شاهدیم که آمار جانگداز قربانیان کرونا از ۳۳۰هزار قطعا فراتر رفته است. حقیقت این است که این رژیم، ارمغانی جز مرگ و اعدام و قتل‌عام و سدبستن در برابر قیام با کلان تلفات انسانی ندارد واکسن هم به عمد از مردم ایران دریغ شده و همه را جان به‌لب کرده است.
امروز بیکاری، رکود تولید، فجایع زیست محیطی، فرار سرمایه، نرخ منفی رشد اقتصادی، تورم سهمگین، زوال ارزش پول ملی و بحران آب و برق بی‌داد می‌کند.
فقر همه گیر شده، گرسنگی، میلیون‌ها نفر را به کام خود کشیده و بیکاری و از دست‌رفتن شغل‌ها، همه را به‌ستوه آورده است و نابودی روزانه کسب و کارها، بسیاری زندگی‌ها را متلاشی کرده و زنان و جوانان از اختناق و محرومیت می‌سوزند.
چنین است که کوه مطالبات انباشته جامعه و طغیان اعتراض‌ها راه‌حلی ندارد و آخوندها لاجرم، قیام‌ها را در برابر خود خواهند یافت. همین امروز هم اعتراض‌ها از زیر خاکستر کرونا سر بلند کرده است. از قیام محرومان و سوخت‌بران مظلوم سراوان بلوچستان تا قیام مردم یاسوج، از درگیری مردم دلیرشهرهای الشتر و آبدانان با پاسداران، تا اعتراض‌های سراسری مکرر بازنشستگان و معلمان و تظاهرات کشاورزان و دامداران شریف اصفهان و یزد

شورای ملی مقاومت قبل از هر چیز به دلیل تعهد خود برای سرنگونی استبداد مذهبی، بر طینت واقعی رژیم تأکید کرد و از این طریق برای استمرار جنبش مقاومت راه گشایی کرد.

و دامغان. هم‌چنین اعتصاب سراسری کارگران پتروشیمی و صنعت نفت و گاز، نیروگاه‌ها و پالایشگاه‌ها که بیش از سه هفته است جریان دارد و اعتراض‌های مردم قهرمان خوزستان که هم‌چنان ادامه دارد با شهدای آن و دستگیری‌های روزانه.

این صدای پای قیام‌های بزرگ سراسری است که شنیده می‌شود. در همه این اعتراض‌ها صدای پای قیام‌ها شنیده می‌شود.

روی کار آوردن یک سرجلاد، شاخص وضعیت اضطراری و شکننده‌یی است که در آن اقدام‌های رژیم برای حفظ قدرت خود، هر روز در جامعه ایران انگیزه قیام و شورش ایجاد می‌کند. مهم‌ترین خصلت شرایط حاضر، اضطرار حاکم بر رژیم است. به این معنی که:

هر روز و هر ساعت باید آماده فوران شورش‌ها و قیام‌ها در این یا آن شهر شورشی باشد،

هر روز و هر ساعت باید در کابوس طغیان ارتش گرسنگان باشد،

هر روز و هر ساعت باید با عملیات کانون‌های شورشی مقابله کند،

هر روز باید منتظر پیامدهای سیاسی و نظامی موشک‌پرانی‌ها و آتش‌افروزی‌های خود در منطقه باشد و هر روز و هر ساعت باید نگران از هم‌گسیختگی بیشتر در قوای سرکوبگر خود باشد.

آلترناتیو دمکراتیک در مسیر پیروزی

دکتر مصدق گفت: «در سراسر عمر ملل، قرن‌ها می‌گذرد تا یک‌بار فرصتی پیش آید و آن‌ها را به طرف هدف مطلوب بکشد...البته تحولات اجتماعی که با سرنوشت هر مملکتی بستگی دارد کوچک نیست و بدون تحصیل رنج، گنج حاصل نمی‌شود».

بله، در عمر رژیم‌های مستبد و ضدمردمی از جمله رژیم ولایت فقیه، کم نیست مقاطعی که از دینامیسم‌های اساسی خود تهی شده و امکان حرکت از آن‌ها سلب می‌شود. اما این شرایط تنها در صورتی می‌تواند فرصتی برای آزادی مردم ایران بسازد که مانند میهن ما، جنبش و مقاومت آزادی‌ستانی از دل جامعه برخیزد و این امکان و استعداد را به‌فعلیت برساند. والا هر بهاری به سرعت به خزان می انجامد. این‌جاست که نقش آلترناتیو دمکراتیک در مسیر پیروزی و به‌سوی پیروزی با کانون‌های شورشی و ارتش آزادی برجسته می‌شود.

در هفته گذشته، گردهم‌آیی سالانه مقاومت تأثیر تعیین‌کننده‌یی در آوارکردن نتایج منفی

انتخابات جلادنشان بر سر خامنه‌ای، ایفا کرد. این گردهم‌آیی محل تلاقی گرایش‌های سیاسی مختلف جامعه بین‌المللی بود که همه در محکوم‌کردن رژیم قتل‌عام و ضرورت محاکمه بین‌المللی رئیس جمهور رسوای آن به جرم نسل‌کشی به اشتراک نظر رسیدند و به همین‌خاطر غیظ و کین رژیم و باندهای مختلف آن یکبار دیگر به نحوی دیوانه‌وار علیه این مقاومت و اجزای آن فوران کرد.

اما خوشبختانه امروز با اطمینان می‌توان گفت که همین مقاومت، ضرورت حسابرسی از رئیس جمهور جلاد رژیم را در صحنه بین‌المللی جا انداخته است. واکنش‌های جنون‌آمیز آخوندها و مقامات ریز و درشت و رسانه‌های حکومتی و طیف عوامل و مزدوران رژیم و پشتیبانان و رسانه‌های آخوندنشان، ترس و وحشت از قیام و سرنگونی و حرکت یک جنبش بزرگ و آلترناتیو دمکراتیک در مسیر پیروزی را بازتاب می‌کنند.

مردم ایران بر آنند که بر کرونای ولایت پیشی بگیرند. این پیام خیزش‌های وقفه‌ناپذیر است. ما از جامعه بین‌المللی و مشخصا از آمریکا و اروپا و ملل متحد می‌خواهیم حکم خمینی برای قتل‌عام زندانیان سیاسی درسال ۶۷ را یک نسل‌کشی و جنایت علیه بشریت اعلام کند. ما برای محاکمه رئیسی و تحریم او در مجامع بین‌المللی وارجاع پرونده حقوق‌بشر ایران، به‌ویژه پرونده قتل‌عام ۶۷ و کشتار آبان ۹۸، به شورای امنیت فراخوان داده‌ایم و بر آن پا می‌فشاریم.

زمان آن است که آخوندها را وادار به‌سرکشیدن جام زهر حقوق‌بشر کنیم. این رسالت با مقاومت و قیام و با ارتش بزرگ آزادی البته و قطعا دست‌یافتنی است.

روز بیست و پنجم تیر، سالروز فتح تهران توسط مجاهدان و رزمندگان انقلاب مشروطیت ایران علیه استبداد سلطنتی بود که در سال ۱۲۸۸ از رشت و اصفهان برخاستند و تهران را از اشغال نیروهای مستبد و سلطه شاه و شیخ آزاد کردند.

دور نیست که تهران عزیز ما باز هم توسط ارتش قیام و آزادی از چنگ استبداد دینی و آخوندهای اشغالگر، آزاد شود.

سلام بر قیام و آزادی

سلام بر مردم ایران و کانون‌های شورشی

اجلاس دو روزه شورای ملی مقاومت ایران - فرانسه - اورسور اواز

اجلاس دو روزه شورای ملی مقاومت ایران - آلبانی- اشرف۳

اجلاس شورای ملی مقاومت ایران، روز ۲۷ تیر در ۵۵ نقطه در ۱۲ کشور؛ فرانسه، آلمان، انگلستان، آمریکا، سوئد، نروژ، اتریش، هلند، بلژیک، ایتالیا، سوئیس و آلبانی آغاز شد و به مدت دو روز ادامه یافت

طرح ۱۰ ماده‌یی مریم رجوی برای آینده ایران

۳۰خرداد ۱۳۹۹

۱-نه به ولایت فقیه. آری به حاکمیت مردم در یک جمهوری با رأی آزاد و کثرت‌گرا .

۲- آزادی بیان، آزادی احزاب، آزادی اجتماعات، آزادی مطبوعات و فضای مجازی انحلال سپاه پاسداران، نیروی تروریستی قدس، لباس شخصی‌ها، بسیج ضد مردمی، وزارت اطلاعات، شورای انقلاب فرهنگی و همه گشت‌ها و نهادهای سرکوبگر در شهر و روستا و در مدارس،دانشگاه‌ها، ادارات و کارخانه‌ها.

۳- تضمین آزادی‌ها و حقوق فردی و اجتماعی طبق اعلامیه جهانی حقوق بشر انحلال دستگاه‌های سانسور و تفتیش عقاید، دادخواهی قتل‌عام زندانیان سیاسی، ممنوعیت شکنجه و لغو حکم اعدام.

۴- جدایی دین و دولت، آزادی ادیان و مذاهب.

۵- برابری کامل زنان و مردان در حقوق سیاسی و اجتماعی و فرهنگی و اقتصادی و مشارکت برابر زنان در رهبری سیاسی، لغو هرگونه تبعیض، حق انتخاب آزادانه پوشش، ازدواج، طلاق، تحصیل و اشتغال. منع بهره‌کشی از زنان تحت هر عنوان.

۶- دادگستری و نظام قضایی مستقل طبق معیارهای بین‌المللی مبتنی بر اصل برائت، حق دفاع، حق دادخواهی، حق برخورداری از محاکمه علنی و استقلال کامل قضات. الغای قوانین شریعت آخوندی و بی‌دادگاه‌های انقلاب اسلامی.

۷- خودمختاری و رفع ستم مضاعف از اقوام و ملیت‌های ایرانی طبق طرح شورای ملی مقاومت برای خودمختاری کردستان ایران.

۸- عدالت و فرصت‌های برابر در اشتغال و در کسب و کار و بازار آزاد برای تمام مردم ایران. احقاق حقوق کارگر و دهقان، پرستاران، کارمندان، فرهنگیان و بازنشستگان.

۹- حفاظت و احیای محیط زیست قتل‌عام‌شده در حکومت آخوندها.

۱۰- ایران غیراتمی، عاری از تسلیحات کشتارجمعی. صلح، همزیستی و همکاری‌های بین‌المللی و منطقه‌یی.

AF589260